一問一答

英検®5級

完全攻略問題集

江川昭夫 著

音声
DL版

高橋書店

はじめに

　今日，世界はかつてないほどグローバル化が進み，そのスピードはますます加速しています。こうした「グローバル社会」にあって，「世界共通言語」としての英語の重要性がいっそう増していくことは間違いありません。

　何事も「はじめが肝心」と言われますが，英語の学習も同じです。「英検」5級の合格を目指すみなさんにとって，英語学習はまだスタートしたばかりです。今のうちにしっかりと基礎を固めておくことが大切です。

　筆者は長年，学校という教育現場で英語教育に取り組んできました。本書の執筆にあたっては，「英検」5級合格を目指すみなさんが「英語の基礎」をしっかりと固めて合格を勝ち取り，そしてその喜びを「英語を学ぶ喜び」につなげ，より高い目標を目指すきっかけをつかめるように工夫を凝らしました。

　短期間で効率よく「英検」5級に合格するため，本冊は大別して「練習問題と解説」「攻略テクニック」「模擬試験」の3本柱で構成しました。さらに本番で落ち着いて実力を発揮できるよう，問題内容とレベル，選択肢を可能な限り実際の試験に近づけています。

　また別冊では，「スピーキングテスト」対策のほか，合否を大きく左右する「重要文法」「頻出単熟語」をまとめて確認できます。本冊の問題とあわせて，5級合格に必要な知識の獲得に役立ててください。

　本書を有効活用したみなさんが，「英検」5級に晴れて合格されることを心から願っております。

著者

CONTENTS ● 目次

第1章 分野別一問一答問題

Part 1 短文の語句空所補充 10

Part 2 会話文の文空所補充 46

Part 3 日本文付き短文の語句整序 54

Column

第2章 模擬試験 🔊 TR 59～TR 86

本文デザイン／有限会社 エムアンドケイ　イラスト／森 海里, 坂道なつ
編集協力／株式会社 一校舎, 株式会社カルチャー・プロ, 株式会社明昌堂
音声作成／有限会社 スタジオユニバーサル　校正／株式会社 ぷれす, 株式会社 鷗来堂

英検®受験のポイント

5級のレベルは，中学初級程度とされています。求められるレベルは「初歩的な英語を理解することができ，またそれを使って表現すること」です。

試験は筆記（25分）とリスニング（約20分）に分かれ，二次試験はありません。

また、試験の合否に関係なく、スピーキングテストを受けられます。

試験内容

筆記（25分）　25問

求められるおもな能力	形式	内容	問題数	問題文の種類	解答形式
語い・文法力	短文の語句空所補充	文脈に合う適切な語句を補う	15	短文会話文	4肢選択（選択肢印刷）
読解力	会話文の文空所補充	会話文の空所に適切な文や語句を補う	5	会話文	
作文力	日本文付き短文の語句整序	日本文を読み、その意味に合うように与えられた語句を並べかえる	5	短文	

リスニング（約20分）　25問

求められる おもな能力	形式	内容	問題数	問題文の 種類	解答形式
聴解力	会話の 応答文選択	会話の最後の発話に対する応答として最も適切なものを補う （放送回数2回，補助イラスト付き）	10	会話文	3肢選択 （選択肢読み上げ）
	会話の 内容一致選択	会話の内容に関する質問に答える （放送回数2回）	5		4肢選択 （選択肢印刷）
	イラストの 内容一致選択	短文を聞いて，イラストの動作や状況を表すものを選ぶ （放送回数2回）	10	短文	3肢選択 （選択肢読み上げ）

●試験日程

第1回	第2回	第3回
6月	10月	1月

●申し込み方法

　　インターネットや携帯電話，全国のコンビニエンスストア，「英検」特約書店から申し込めます。

●スピーキングテストについて

（別冊P.2 〜 7参照）

※「英検」は，公益財団法人 日本英語検定協会の登録商標です。

本書の特長

1 テーマ別に学べる 〈分野別一問一答式問題〉

実際の本試験で出題される形式に沿ってパート分けしています。問題を解いたあと，解答・解説をすぐに確認できる一問一答式で，学習を効率的に進められます。

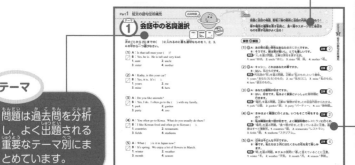

ポイント

テーマごとに学習上の注意点や，問題を解くためのポイントを示しています。

テーマ

問題は過去問を分析し，よく出題される重要なテーマ別にまとめています。

赤シートで隠せる

解答と選択肢などの日本語訳は文字色を赤くしています。

2 本番形式の模擬試験

一問一答式の問題を解き終えたら，学習の仕上げとして本番形式の模擬試験を解きましょう。
時間を計り，本試験と同じ時間内で解く練習もできます。

3 別冊 スピーキングテスト／ 重要文法＆頻出単熟語

スピーキングテストの概略と例題，押さえておくべき文法ポイント，頻出の単熟語をまとめています。

とくに頻出単熟語では，イラストとともに単熟語を掲載しているので，効率よく覚えられます。

8

第1章

分野別 一問一答 問題

短文の語句空所補充

POINT

形式	短文の空所に入る語を 4 つの選択肢の中から 1 つ選ぶ
問題数	15 問
目標時間	10 分
傾向	問題は「品詞」「熟語」「文法」の 3 種類。問題数の目安は，品詞 8 問・熟語 5 問・文法 2 問
対策	中学 1 年生の教科書レベルの語い力や文法知識を身につけ，試験に臨もう！

品詞問題

テクニック❶ まずは，名詞から攻略しよう！

品詞問題の中では名詞(music, class, baseball など)の出題が最も多く，そのほかに動詞(start, drink など)，形容詞(sleepy, old など)，前置詞(at, in, on など)，代名詞(she, her, hers など)が出題されます。

〈例題〉Do you have an English (　) on Mondays?

1. afternoon　　**2. chair**　　**3. door**　　**4. class**

正解：**4**　(class「授業」)

熟語問題

テクニック❷ 出題される熟語は限られているので，すべて覚える！

5 級で出題される熟語(stand up「立ち上がる」など)はほかの級に比べるとかなり少なく，過去に出題されたものがくり返し登場するため，とても得点しやすい分野です。別冊 P.48 などを活用し，全部覚えてしまいましょう。

熟語を覚えるときは，動詞を中心としたもの(look at ～「～を見る」など)と，そうでないもの(ovor thoro「向こうに」など)に整理しながら覚えましょう。出題される熟語をなんとなく覚えるのではなく，**グループ分けして覚えることで記憶に残りやすくなります。**

---

1. 動詞を中心とした熟語
   stand up「立ち上がる」, look at ～「～を見る」, listen to ～「～を聞く」, like ～ ing「～するのが好きだ」, go ～ ing「～しに行く」 など

2. その他の熟語
   a cup of ～「カップ1杯の～」, a glass of ～「グラス1杯の～」, over there「向こうに」, a lot of ～「たくさんの～」 など

〈例題〉 Do you want a (　) of banana juice?

1. page　　　2. leg　　　3. pet　　　4. glass

正解：4 (a glass of ～「グラス1杯の～」)

文法問題

テクニック❹ 動詞の形を意識しよう!

空所に適切な形の動詞(動詞の原形や -ing 形など)を入れる問題がよく出題されます。以下の3パターンが頻出なので，くり返し練習問題を解いて確実に得点できるようにしましょう。

---

1. ┌ 〈(Please +) 動詞の原形〉「～しなさい (～してください)」
   ├ 〈Don't + 動詞の原形〉「～してはいけない」
   └ 〈Let's + 動詞の原形〉「～しましょう」
2. 〈is / am / are + ～ ing (+ now)〉「(今) ～しているところだ」
3. 〈複数を表す主語(Taro and Jim や They など) + are ～〉

〈例題〉 Cathy! Don't (　) the box.

1. open　　　2. opens　　　3. to open　　　4. opening

正解：1 (〈Don't + 動詞の原形〉「～してはいけない」)

品詞問題

テーマ **1** 会話中の名詞選択

学習日	目標時間 1問 **30**秒	得点 /5 合格点 3点

次の (1) から (5) までの(　)に入れるのに最も適切なものを 1，2，3，4 の中から一つ選びなさい。

(1) **A**：Is that tall man your (　)?

B：Yes, he is. He is tall and very kind.

1. aunt **2**. uncle

3. sister **4**. mother

(2) **A**：Kathy, is this your car?

B：Yes, it is. It's (　).

1. yours **2**. me

3. mine **4**. hers

(3) **A**：Do you like animals?

B：Yes, I do. I often go to the (　) with my family.

1. park **2**. garden

3. party **4**. zoo

(4) **A**：You often go to Korea. What do you usually do there?

B：I like Korean food and often go to Korean (　).

1. countries **2**. restaurants

3. fields **4**. stadiums

(5) **A**：What (　) is it in Japan now?

B：It's spring. We enjoy a lot of flowers in March.

1. winter **2**. weather

3. month **4**. season

話題と会話の場面，登場人物の関係と会話の内容をつかもう！
時や場所の種類を表す名詞と，食べ物やスポーツなど身近なものを表す名詞がよく出る！

解答と解説

(1) 訳 A：あの背の高い男性はあなたのおじさんですか。
B：そうです。彼は背が高いし，とても優しいです。
正解 **2**
解説 「人」を選ぶ問題。正解は男性を表す名詞。
1. aunt「おば」 **2.** uncle「おじ」 **3.** sister「姉，妹」 **4.** mother「母」。

(2) 訳 A：キャシー，これはあなたの車ですか。
B：はい。私のものです。
正解 **3**
解説 代名詞の「形」を選ぶ問題。正解は「私のもの」という意味。
1. yours「あなた（たち）のもの」 **2.** me「私を[に]」 **3.** mine「私のもの」
4. hers「彼女のもの」。

(3) 訳 A：あなたは動物が好きですか。
B：はい，好きです。私はよく家族といっしょに動物園に行きます。
正解 **4**
解説 「場所」を選ぶ問題。正解は「動物が好き」との会話内容からわかる。
1. park「公園」 **2.** garden「庭」 **3.** party「パーティー」 **4.** zoo「動物園」。

(4) 訳 A：きみはよく韓国に行くよね。いつもそこで何をするの？
B：私は韓国の食べ物が好きで，よく韓国料理のレストランに行くの。
正解 **2**
解説 「場所」を選ぶ問題。「食べ物が好き」と言っている点に注意。選択肢はすべて複数形。**1.** countries「国」 **2.** restaurants「レストラン」
3. fields「畑」 **4.** stadiums「スタジアム」。

(5) 訳 A：日本は今どんな季節ですか。
B：春です。私たちは3月にはたくさんの花を見て楽しみます。
正解 **4**
解説 「時」を選ぶ問題。BがAの質問に「春」と答えていることに注意。
1. winter「冬」 **2.** weather「天気」 **3.** month「月」 **4.** season「季節」。

品詞問題

テーマ 2 文章中の名詞選択

| 学習日 | 目標時間 1問 30秒 | 得点 /5 合格点3点 |

次の (1) から (5) までの(　　)に入れるのに最も適切なものを 1，2，3，4 の中から一つ選びなさい。

(1) (　　) is the tenth month of the year.

1. November　　2. September

3. October　　4. August

(2) I like comic books. I have a lot of comics at (　　).

1. library　　2. shop

3. station　　4. home

(3) Mary is making sandwiches for (　　) .

1. drink　　2. lunch

3. kitchen　　4. cafeteria

(4) My brother likes tennis, so he is in the tennis (　　) at school.

1. racket　　2. ball

3. club　　4. locker

(5) Mike is a good cook. He cooks dinner every (　　) for his family.

1. hour　　2. calendar

3. clock　　4. evening

Point

空所の前の動詞や空所の後ろの名詞との自然な「組み合わせ」を探そう。

「文全体の意味」も確認しよう！ 不自然なら不正解！

解答と解説

(1) 訳 10月は1年のうちで10番目の月です。　**正解 ③**

解説 「月」の名前を選ぶ問題は頻出。正解は the tenth month of the year「1年のうちで10番目」という表現からわかる。
1. November「11月」 **2.** September「9月」 **3.** October「10月」
4. August「8月」。

(2) 訳 私は漫画本が好きです。家に漫画がたくさんあります。　**正解 ④**

解説 「場所」を選ぶ問題。at は「～で」という意味を表す前置詞で，at home で「家に[で]」という頻出表現。
1. library「図書館」 **2.** shop「店」 **3.** station「駅」 **4.** home「家」。

(3) 訳 メアリーは昼食用にサンドイッチを作っています。　**正解 ②**

解説 「食」にまつわる名詞の問題。for は「～のために」という意味を表す前置詞。正解はサンドイッチを作っている目的を考えればわかる。**1.** drink「飲み物」 **2.** lunch「昼食」 **3.** kitchen「台所」
4. cafeteria「食堂，カフェテリア」。

(4) 訳 私の兄はテニスが好きなので，学校でテニスクラブに入っています。　**正解 ③**

解説 前置詞 in「～の中に」をヒントに解く。at school は「学校で」という意味。**1.** racket「ラケット」 **2.** ball「ボール」 **3.** club「クラブ，部」
4. locker「ロッカー」。

(5) 訳 マイクは料理が上手です。彼は毎晩家族のために夕食を作ります。　**正解 ④**

解説 「時」を表す名詞の問題。every は「毎～」という意味。every evening は「毎晩」，every hour は「毎時間」という意味だが，空所の前に dinner とあるので every evening「毎晩」とわかる。
1. hour「時間」 **2.** calendar「カレンダー」 **3.** clock「時計」 **4.** evening「夕方，夜」。

テーマ **3** 会話中の動詞選択

学習日	目標時間 1問 **30**秒	得点 /5 合格点3点

次の (1) から (5) までの(　)に入れるのに最も適切なものを 1，2，3，4 の中から一つ選びなさい。

(1) **A**：Can I have some fruit now, Mom?
　　B：No. (　) your milk first, Alison.
　　1. Drinks　　　　　　**2**. Drinking
　　3. To drink　　　　　**4**. Drink

(2) **A**：What does Mr. Tanaka do?
　　B：He (　) an English teacher.
　　1. teaches　　　　　**2**. sings
　　3. is　　　　　　　**4**. takes

(3) **A**：What do you do on weekends?
　　B：I usually (　) soccer games on TV.
　　1. read　　　　　　**2**. watch
　　3. dance　　　　　**4**. go

(4) **A**：Your bag is very nice, Tina. I (　) it very much.
　　B：Thank you, Mr. White.
　　1. buy　　　　　　**2**. make
　　3. have　　　　　**4**. like

(5) **A**：Let's (　) basketball after school.
　　B：OK. Let's meet at three o'clock.
　　1. go　　　　　　**2**. wash
　　3. play　　　　　**4**. look

Point

動詞の「形」を選ぶ問題では，命令文や現在進行形が頻出！

「文脈」に合う動詞を選ぶ問題では，空所の後ろに続く「名詞」に着目！

解答と解説

(1) 訳 A：今，フルーツを食べてもいいかな，お母さん？

B：だめよ。先に牛乳を飲みなさい，アリソン。

正解 **4**

解説 動詞の「形」を選ぶ問題。人に命令するときは，動詞の原形を用いる。 **1.** drinks：3人称単数現在形 **2.** drinking：-ing形 **3.** to drink：to不定詞 **4.** drink：原形。

(2) 訳 A：タナカさんのお仕事は何ですか。

B：彼は英語の先生です。

正解 **3**

解説 What does 〜 do? は「〜の職業は何ですか」という意味の，決まった表現。主語の He と an English teacher「英語の先生」をつなぐのにふさわしいのは，be動詞の is である。 **1.** teach「教える」 **2.** sing「歌う」 **3.** is「〜である」 **4.** take「(手に)取る」。

(3) 訳 A：毎週末，あなたは何をしますか。

B：私はたいてい家でサッカーの試合を見ます。

正解 **2**

解説 文脈に合う動詞を選ぶ問題。 on weekends で「毎週末に」。soccer games「サッカーの試合」を on TV「テレビで」どうするのか考える。 **1.** read「読む」 **2.** watch「見る」 **3.** dance「踊る」 **4.** go「行く」。

(4) 訳 A：きみのバッグ，とてもすてきだね，ティナ。ぼくはそれがとても好きだよ。

B：ありがとうございます，ホワイトさん。

正解 **4**

解説 文脈に合う動詞を選ぶ問題。very much「非常に」をヒントに解く。 **1.** buy「買う」 **2.** make「作る」 **3.** have「持っている」 **4.** like「好む」。

(5) 訳 A：放課後にバスケットボールをしよう。

B：いいよ。3時に会おう。

正解 **3**

解説 文脈に合う動詞を選ぶ問題。〈play + スポーツを表す名詞〉で「〜をする」という意味。 **1.** go「行く」 **2.** wash「洗う」 **3.** play「する」 **4.** look「見る」。

17

テーマ
4 文章中の動詞選択

| 学習日 | 目標時間 1問 **30**秒 | 得点 /5 合格点3点 |

次の (1) から (5) までの(　　)に入れるのに最も適切なものを 1，2，3，4 の中から一つ選びなさい。

(1) My grandmother often (　　) in the garden.
1. works　　　　　　2. goes
3. opens　　　　　　4. lives

(2) (　　) your homework before dinner, Ted.
1. Brush　　　　　　2. Do
3. Put　　　　　　　4. Practice

(3) I (　　) new notebooks for school.
1. need　　　　　　2. paint
3. write　　　　　　4. begin

(4) I like summer very much, but my brother (　　).
1. isn't　　　　　　2. don't
3. wasn't　　　　　4. doesn't

(5) It's very hot in his room, so he is (　　) in the living room now.
1. studied　　　　　2. studies
3. studying　　　　4. study

必ず，後ろにある語句との「意味のつながり」に注意しよう！

動詞は意味だけでなく，否定や疑問，3単現などの「形」をしっかり押さえよう！

Part 1

短文の語句空所補充

解答 と 解説

(1) 🔵訳 私の祖母はよく庭で作業をします。　　　　　　　正解 ①

🔵解説 文脈に合う動詞を選ぶ問題。後ろに in「～で[に]」が続いて意味が通じるのは **1** work「働く，作業する」。
2. go「行く」　**3**. open「開ける」　**4**. live「住む」。

(2) 🔵訳 夕食の前に宿題をしなさい，テッド。　　　　　　正解 ②

🔵解説 文脈に合う動詞を選ぶ問題。do *one's* homework で「～の宿題をする」という意味。
1. brush「みがく」　**2**. do「する，行う」　**3**. put「置く」　**4**. practice「練習する」。

(3) 🔵訳 私は学校用に新しいノートが必要です。　　　　　正解 ①

🔵解説 文脈に合う動詞を選ぶ問題。for は「～のために」という意味を表す前置詞。
1. need「必要とする」　**2**. paint「(絵の具で)描く」　**3**. write「書く」　**4**. begin「始める，始まる」。

(4) 🔵訳 私は夏がとても好きですが，私の弟は好きではありません。　正解 ④

🔵解説 接続詞 but「しかし」は反対の内容を結びつける働きをする。よって，文の前半で「好き」と言っているので，後半は「好きでない」という内容になる。主語は my brother なので，my brother **doesn't** (like summer)。

(5) 🔵訳 彼の部屋はとても暑いので，彼は今，リビングで勉強をしています。　正解 ③

🔵解説 「現在進行形」の問題。空所の前の is と，文末の now「今」に着目して解く。〈is (am, are) + ～ ing〉で「(今) ～しているところだ」という意味。
1. studied：過去形　**2**. studies：3人称単数現在形　**3**. studying：-ing 形　**4**. study：原形。

テーマ 5　会話中の形容詞選択

| 学習日 | 目標時間 1問 30秒 | 得点 合格点3点 /5 |

次の (1) から (5) までの(　　)に入れるのに最も適切なものを 1，2，3，4 の中から一つ選びなさい。

(1) A：Your shoes are very (　　), Ellen.
　　　 B：Thank you, Mary.　They're from my sister.
　　　 1. happy 　　　　　　 **2**. right
　　　 3. old 　　　　　　　 **4**. pretty

(2) A：What is your (　　) color?
　　　 B：I like white.
　　　 1. favorite 　　　　　 **2**. ready
　　　 3. busy 　　　　　　　 **4**. sunny

(3) A：How (　　) CDs does your brother have, Tim?
　　　 B：He has two hundred.
　　　 1. old 　　　　　　　　 **2**. tall
　　　 3. many 　　　　　　　 **4**. much

(4) A：Your car is very nice, Keiko.
　　　 B：Thank you.　But it's too (　　), so I want a big car.
　　　 1. new 　　　　　　　　 **2**. fast
　　　 3. soft 　　　　　　　　 **4**. small

(5) A：Do you like Ms. Davis?
　　　 B：Yes, she is very (　　) to her students.
　　　 1. next 　　　　　　　　 **2**. kind
　　　 3. easy 　　　　　　　　 **4**. long

形容詞は関連する名詞の状態や様子を表す。どの名詞を指しているかに注意しよう！

---

large／small, fast／slow など, 対義語で覚えよう！

解答と解説

(1) **訳** A：あなたの靴はとてもかわいいわね，エレン。
B：ありがとう，メアリー。姉からのプレゼントなの。

正解 ④

解説 文脈に合う形容詞を選ぶ問題。Thank you「ありがとう」という表現から，メアリーはエレンの靴をほめていることがわかる。**1.** happy「幸せな」 **2.** right「右の，正しい」 **3.** old「古い」 **4.** pretty「かわいい」。

(2) **訳** A：あなたのお気に入りの色は何ですか。
B：私は白が好きです。

正解 ①

解説 color「色」を修飾するのにふさわしい形容詞を選ぶ。
1. favorite「お気に入りの」 **2.** ready「用意ができて」 **3.** busy「忙しい」
4. sunny「日の照っている」。

(3) **訳** A：あなたのお兄さんはCDを何枚持っていますか，ティム？
B：200枚持っています。

正解 ③

解説 How の後ろに続く適切な形容詞を選ぶ問題。two hundred (CDs)「200枚（の CD）」と答えているので，「数」をたずねているとわかる。
1. How old ～？「どれくらい古い，何歳」 **2.** How tall ～？「どれくらい高い」 **3.** How many ～？「いくつ，どれくらいの数」 **4.** How much ～？「いくら，どれくらいの量」。

(4) **訳** A：きみの車はとてもすてきだね，ケイコ。
B：ありがとう。でも小さすぎるから大きい車がほしいわ。

正解 ④

解説 空所の後ろで want a big car「大きい車がほしい」と言っているので，ケイコが現在乗っている車は small「小さい」ことがわかる。**1.** new「新しい」 **2.** fast「速い」 **3.** soft「やわらかい」 **4.** small「小さい」。

(5) **訳** A：あなたはデイヴィス先生は好きですか。
B：ええ，彼女は生徒にとても親切です。

正解 ②

解説 be kind to ～で「～に対して親切である」という意味。
1. next「となりの」 **2.** kind「親切な」 **3.** easy「簡単な」 **4.** long「長い」。

品詞問題

テーマ 6 文章中の形容詞選択

| 学習日 | 目標時間 1問 30秒 | 得点 /5 合格点3点 |

次の (1) から (5) までの(   )に入れるのに最も適切なものを 1，2，3，4 の中から一つ選びなさい。

(1) I'm too (   ), so I can't do my homework now.

☐ **1**. windy   **2**. cloudy
     3. short   **4**. hungry

(2) In England people drink tea and eat (   ) cookies in the afternoon.

☐ **1**. last   **2**. sweet
     3. clean   **4**. busy

(3) It's a little (   ) today. It's raining.

☐ **1**. high   **2**. cute
     3. cold   **4**. young

(4) Tim, dinner is (   ). Come to the table.

☐ **1**. ready   **2**. sleepy
     3. good   **4**. rainy

(5) My family goes camping in Canada (   ) summer.

☐ **1**. last   **2**. slow
     3. happy   **4**. every

Point

「人」に用いる形容詞か,「もの・こと」に用いる形容詞か注意!

とくに「人の様子」と「天気の状態」を表す形容詞は毎回出題されるのでしっかり押さえよう!

解答と解説

(1) **訳** 私はおなかがすきすぎて, 今, 宿題ができません。　　**正解 4**

解説 「宿題ができない」理由として適切なのは, hungry「空腹な」だけ。主語が「人」なので windy と cloudy は使えないことにも注意!　**1.** windy「風の強い」　**2.** cloudy「くもりの」　**3.** short「短い, 背の低い」　**4.** hungry「空腹な」。

(2) **訳** イングランドでは人々は午後にお茶を飲み, 甘いクッキーを食べます。　　**正解 2**

解説 cookies「クッキー」を説明するのにふさわしい形容詞を選ぶ。**1.** last「最後の, この前の」　**2.** sweet「甘い」　**3.** clean「きれいな, 片付いている」　**4.** busy「忙しい」。

(3) **訳** 今日は少し寒いです。雨が降っています。　　**正解 3**

解説 2つ目の文に「雨が降っている」とあるので, cold「寒い」が適切。**1.** high「高い」　**2.** cute「かわいい」　**3.** cold「寒い, 冷たい」　**4.** young「若い」。

(4) **訳** ティム, 夕飯の用意ができましたよ。テーブルまで来なさい。　　**正解 1**

解説 dinner を説明するのにふさわしく, 文脈に合う形容詞を選ぶ。**1.** ready「用意ができて」　**2.** sleepy「眠い」　**3.** good「よい」　**4.** rainy「雨の」。

(5) **訳** 私の家族は毎年夏に, カナダへキャンプをしに行きます。　　**正解 4**

解説 goes camping「キャンプをしに行く」という現在形が用いられているので, every summer「毎年夏に」が正解。last summer は「この前の夏に」という意味なので, 現在形では使えない。**1.** last「最後の, この前の」　**2.** slow「遅い」　**3.** happy「幸せな」　**4.** every「毎〜, すべての」。

品詞問題

テーマ 7 会話中の疑問詞選択

学習日	目標時間 1問 30秒	得点 合格点3点 /5
/		

次の (1) から (5) までの(　　)に入れるのに最も適切なものを 1，2，3，4 の中から一つ選びなさい。

(1) A：(　　) sport do you like?

B：I like soccer.

1. Who **2**. Where

3. What **4**. When

(2) A：(　　) does your uncle live?

B：He lives in Australia.

1. Why **2**. How

3. Whose **4**. Where

(3) A：This doll is very cute. (　　) doll is it?

B：It's my sister's.

1. Who **2**. Whose

3. How **4**. Where

(4) A：(　　) long is the movie?

B：It's about two hours.

1. What **2**. Which

3. How **4**. When

(5) A：(　　) is playing the piano in the living room?

B：My brother is.

1. Where **2**. What

3. Why **4**. Who

Point

Bの返事(返答)の内容に注意しよう。

What＋名詞，How many，How long など定番の組み合わせを押さえよう！

解答と解説

(1) **訳** A：あなたはどんなスポーツが好きですか。　　　　**正解** ③
　　　B：私はサッカーが好きです。

解説 〈What＋名詞～?〉で「何の～，どんな～」を表す。1. who「だれ(が)」
2. where「どこに[へ]」　3. what「何(の)」　4. when「いつ」。

(2) **訳** A：あなたのおじさんはどこに住んでいますか。　　**正解** ④
　　　B：彼はオーストラリアに住んでいます。

解説 lives in Australia「オーストラリアに住んでいる」というBの発言から，Aは住んでいる「場所」をたずねていることがわかる。
1. why「なぜ」　2. how「どのように，どのくらい」　3. whose「だれの，だれのもの」　4. where「どこに[へ]」。

(3) **訳** A：この人形はとてもかわいいですね。だれの人形ですか。　**正解** ②
　　　B：それは私の妹のものです。

解説 It's my sister's (doll).「それは私の妹の(人形)です」というBの発言から，Aは人形の「所有者」をたずねているとわかる。
1. who「だれ(が)」　2. whose「だれの，だれのもの」　3. how「どのように，どのくらい」　4. where「どこに[へ]」。

(4) **訳** A：その映画はどのくらいの長さですか。　　　　**正解** ③
　　　B：約2時間です。

解説 Bの発言から，Aは「時間の長さ」をたずねている。〈How＋形容詞～?〉で「どのくらい～」の意味。1. what「何(の)」　2. which「どちら(の)，どれ」　3. how「どのように，どのくらい」　4. when「いつ」。

(5) **訳** A：だれがリビングでピアノを弾いているのですか。　**正解** ④
　　　B：私の兄です。

解説 My brother is (playing the piano).「私の兄です(私の兄がピアノを弾いています)」というBの発言から，Aは「動作主」をたずねているとわかる。1. where「どこに[へ]」　2. what「何(の)」　3. why「なぜ」
4. who「だれ(が)」。

品詞問題

テーマ
8
_{ぶんしょうちゅう} _{ぎ もん し せん たく}
文章中の疑問詞選択

| 学習日 | 目標時間
1問
30秒 | 得点
/5
合格点3点 |

次の (1) から (5) までの(　　)に入れるのに最も適切なものを 1，2，3，4 の中から一つ選びなさい。

(1) (　　) color do you like, pink or orange?
□ **1**. When **2**. How
3. Why **4**. Which

(2) (　　) are you listening to, Steve?
□ **1**. Where **2**. What
3. When **4**. Whose

(3) (　　) often do you go to the movies?
□ **1**. When **2**. What
3. How **4**. Who

(4) This bag isn't mine. (　　) is it?
□ **1**. Who **2**. Whose
3. Where **4**. Which

(5) You always watch TV, Kathy. (　　) do you do your homework?
□ **1**. Who **2**. Which
3. Whose **4**. When

Point

「時」「場所」「人」「値段」など，文の中で抜けている情報に合った疑問詞を見つけよう！

Which ＋ 名詞，How ＋ 副詞など，頻出表現を覚えよう！

解答と解説

(1) 訳 あなたはピンクとオレンジ，どちらの色が好きですか。 正解 ④

解説 文末の A or B 「A または B」という表現に着目。〈Which ＋ 名詞〜，A or B?〉で「A または B，どちらの…が〜ですか」という意味を表す。

1. when「いつ」　**2.** how「どのように，どのくらい」　**3.** why「なぜ」　**4.** which「どちら(の)，どれ」。

(2) 訳 あなたは何を聞いているのですか，スティーブ。 正解 ②

解説 listen to 〜は「〜を聞く」という意味だが，「何を」聞いているのかという情報が抜けているため，what「何」が適切。

1. where「どこに[へ]」　**2.** what「何(の)」　**3.** when「いつ」　**4.** whose「だれの，だれのもの」。

(3) 訳 あなたはどのくらい頻繁に映画を見に行きますか。 正解 ③

解説 How often 〜 ? は「どのくらい頻繁に[しばしば] 〜」という意味で，頻度をたずねる際に用いる。**1.** when「いつ」　**2.** what「何(の)」　**3.** how「どのように，どのくらい」　**4.** who「だれ(が)」。

(4) 訳 このかばんは私のものではありません。それはだれのものですか。 正解 ②

解説 isn't mine「私のものではない」という表現から，かばんの「所有者」をたずねていることがわかる。**1.** who「だれ(が)」　**2.** whose「だれの，だれのもの」　**3.** where「どこに[へ]」　**4.** which「どちら(の)，どれ」。

(5) 訳 キャシー，あなたはいつもテレビを見ていますね。いつ宿題をするのですか。 正解 ④

解説 文の中で抜けている情報を考える。「(　　)あなたは宿題をするのですか」から主語などはわかっているので，選択肢より，When が正解。**1.** who「だれ(が)」　**2.** which「どちら(の)，どれ」　**3.** whose「だれの，だれのもの」　**4.** when「いつ」。

テーマ **9** 会話中の前置詞選択

| 学習日 | 目標時間 1問 **30**秒 | 得点 /5 合格点3点 |

次の (1) から (5) までの(　　)に入れるのに最も適切なものを 1，2，3，4 の中から一つ選びなさい。

(1) **A**：I like winter. How (　) you, Larry?
　　　B：I don't like it very much. It's too cold.
　　　1. of　　　　　　　　**2**. at
　　　3. on　　　　　　　　**4**. about

(2) **A**：What is the eleventh month (　) the year?
　　　B：It's November.
　　　1. of　　　　　　　　**2**. with
　　　3. from　　　　　　　**4**. after

(3) **A**：When does your piano lesson start?
　　　B：It starts (　) four.
　　　1. in　　　　　　　　**2**. under
　　　3. at　　　　　　　　**4**. into

(4) **A**：Thank you (　) this beautiful picture.
　　　B：You're welcome.
　　　1. by　　　　　　　　**2**. for
　　　3. to　　　　　　　　**4**. about

(5) **A**：Where is her house?
　　　B：It's (　) the library.
　　　1. in　　　　　　　　**2**. on
　　　3. by　　　　　　　　**4**. under

解答と解説

(1) 訳 A：私は冬が好きです。あなたはどうですか，ラリー？

B：ぼくはあまり好きではありません。寒すぎます。

正解 4

解説 How about 〜？は「〜はどうですか」という意味の頻出表現。**1**. of「〜の，〜の中の[で]」 **2**. at「（場所）〜で，（時間）〜に」 **3**. on「〜の上に，（曜日など）〜に」 **4**. about「〜について」。

(2) 訳 A：1年のうちで11番目の月は何ですか。

B：11月です。

正解 1

解説 〈the + 序数 + of the year〉で「1年のうちで〜番目」という意味を表す。この of は「〜の中で」という意味。**2**. with「〜といっしょに，〜を使って」 **3**. from「〜から」 **4**. after「〜のあとに」。

(3) 訳 A：あなたのピアノのレッスンはいつ始まりますか。

B：4時に始まります。

正解 3

解説 A はレッスンの開始時間をたずねている。空所の後ろに「時刻」の表現があるので，〈at + 時刻〉「〜に」が正解。**1**. in「（場所）〜の中に，（年・月など）〜に」 **2**. under「〜の下に」 **4**. into「〜の中に」。

(4) 訳 A：このきれいな写真をありがとう。

B：どういたしまして。

正解 2

解説 Thank you for 〜で「〜をありがとう」。この for は「〜に対して」という意味。**1**. by「（場所）〜のそばに，（手段）〜によって」 **2**. for「〜のために，〜に対して」 **3**. to「（方向・目的地）〜へ，（程度・限度）〜まで」 **4**. about「〜について」。

(5) 訳 A：彼女の家はどこにありますか。

B：図書館のそばにあります。

正解 3

解説 her house「彼女の家」と library「図書館」の位置関係を考える。ここでは **3**. by「（場所）〜のそばに」。

品詞問題

テーマ 10 文章中の前置詞選択

学習日 ／　目標時間 1問 **30**秒　得点 ／5 合格点3点

次の (1) から (5) までの(　　)に入れるのに最も適切なものを 1，2，3，4 の中から一つ選びなさい。

(1) My father listens to music (　　) the radio every morning.
　1. by　　　　　　　　**2**. with
　3. on　　　　　　　　**4**. from

(2) Open your textbook (　　) page 30.
　1. near　　　　　　　**2**. to
　3. about　　　　　　　**4**. in

(3) I usually play tennis with Tomoko (　　) school.
　1. about　　　　　　　**2**. from
　3. on　　　　　　　　**4**. after

(4) Mike has a lot (　　) milk for breakfast every morning.
　1. over　　　　　　　**2**. by
　3. of　　　　　　　　**4**. in

(5) The train goes (　　) Shizuoka to Nagoya.
　1. from　　　　　　　**2**. before
　3. in　　　　　　　　**4**. at

Point

最もよく出題される前置詞は「場所」と「時」に関するもの。
とくに「場所」についてはすべての前置詞の基本なので，とても重要。

解答と解説

(1) 訳 私の父は毎朝ラジオで音楽を聞きます。　**正解 3**

解説 on the radio [phone] は「ラジオ[電話]で」という意味を表す決まった表現。この on は見たり聞いたりする「手段」を表す。 **1.** by「(場所) ～のそばに, (手段) ～によって」　**2.** with「～といっしょに, ～を使って(手などで)」　**3.** on「～の上に, (曜日など) ～に, (手段) ～で」　**4.** from「～から」。

(2) 訳 教科書の 30 ページのところを開きなさい。　**正解 2**

解説 「30 ページに至るまで」「教科書を開く」と考える。したがって，「～まで」という意味の to が適切。 **1.** near「(距離・時間) ～の近くに」　**2.** to「(方向・目的地) ～へ, (程度・限度) ～まで」　**3.** about「～について」　**4.** in「(場所) ～の中に, (年・月など) ～に」。

(3) 訳 私はたいてい放課後にトモコとテニスをします。　**正解 4**

解説 after school は「放課後に」という意味の頻出表現。 **4.** after「～のあとに」。

(4) 訳 マイクは毎朝，朝食に牛乳をたくさん飲みます。　**正解 3**

解説 a lot of ～で「たくさんの～」という意味を表す頻出表現。数えられる名詞にも数えられない名詞にも用いることができる。 **1.** over「～の上方に，～を越えて」　**3.** of「～の，～の中の[で]」。

(5) 訳 その電車は静岡から名古屋まで行きます。　**正解 1**

解説 from A to B は「A から B まで」という意味を表す頻出表現。 **2.** before「～の前に」　**4.** at「(場所) ～で, (時刻) ～に」。

テーマ 11　動詞を含む熟語問題

学習日	目標時間 1問 30秒	得点 /5 合格点3点

次の (1) から (5) までの(　　)に入れるのに最も適切なものを 1，2，3，4 の中から一つ選びなさい。

(1) **A**：What are you doing?

B：I'm listening (　　) Japanese songs.

1. under **2.** before

3. to **4.** at

(2) My mother always (　　) up at five every morning.

1. gives **2.** gets

3. has **4.** begins

(3) **A**：What does your family do on weekends?

B：My family usually (　　) swimming in the river.

1. walks **2.** thinks

3. waits **4.** goes

(4) Please (　　) me about the book.

1. speak **2.** talk

3. tell **4.** say

(5) My grandmother often (　　) pictures of flowers.

1. takes **2.** closes

3. lives **4.** cooks

Point

動詞を中心とした熟語は毎回2～3問程度出題される。

go to bed「寝床につく」，take a bath「風呂に入る」など，「意味のかたまり」で覚えると効率的！

解答と解説

(1) 訳 A：あなたは何をしているのですか。
B：私は日本の歌を聞いています。
解説 listen to ～「～を聞く」は頻出の熟語。
1. under「～の下に」 **2.** before「～の前に」 **3.** to「(方向・目的地) ～へ，(程度・限度) ～まで」 **4.** at「(場所) ～で，(時刻) ～に」。

正解 3

(2) 訳 私の母は毎朝いつも5時に起きます。
解説 up を伴い，文脈に合う熟語は get up「起きる」だけ。
1. give up ～「～をあきらめる」 **2.** get up「起きる」 **3.** have「持っている」 **4.** begin「始める，始まる」。

正解 2

(3) 訳 A：あなたの家族は毎週末，何をしますか。
B：私の家族はたいてい川に泳ぎに行きます。
解説 〈go + スポーツや娯楽を表す動詞の -ing 形〉で「～しに行く」という意味になる。go skiing [fishing, hiking]「スキー [釣り，ハイキング]をしに行く」。
1. walk「歩く」 **2.** think「思う」 **3.** wait「待つ」 **4.** go「行く」。

正解 4

(4) 訳 その本について私に教えてください。
解説 後ろに〈人 + about ～〉という形を続けられる選択肢は，tell だけ。〈tell + 人 + about ～〉で「～について人に教える[話す]」。
1. 〈speak to + 人〉で「～に話す」 **2.** 〈talk to [with] + 人〉で「～と話をする，～に話しかける」 **3.** 〈tell + 人 + about ～〉で「～について人に教える[話す]」 **4.** 〈say to + 人〉で「～に言う」。

正解 3

(5) 訳 私の祖母はよく花の写真を撮ります。
解説 take a picture [photo] または，take pictures [photos] は「(カメラで)写真を撮る」という意味の頻出表現。
1. take「(手に)取る」 **2.** close「閉める」 **3.** live「住む」 **4.** cook「料理する」。

正解 1

熟語問題

テーマ 12　その他の熟語問題

| 学習日 | 目標時間 1問 30秒 | 得点 /5 合格点3点 |

次の (1) から (5) までの(　)に入れるのに最も適切なものを 1，2，3，4 の中から一つ選びなさい。

(1) A：Can I use your dictionary?
B：Yes, (　) course.
1. after   **2**. with
3. of   **4**. on

(2) Hi, Tina. Welcome (　) my birthday party!
1. to   **2**. up
3. over   **4**. by

(3) A：I want a (　) of tea, Mom.
B：OK, Sara.
1. table   **2**. cup
3. chair   **4**. cap

(4) I usually go to school (　) foot.
1. about   **2**. from
3. with   **4**. on

(5) A：Don't be (　) for school, Tom.
B：I know, Dad.
1. busy   **2**. kind
3. late   **4**. sleepy

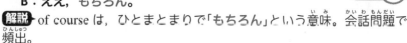

「形容詞 + 前置詞」「前置詞 + 名詞」の熟語も毎回出題される。

over there「向こうに」，after school「放課後」，a cup of「1杯の」など日常的によく使う熟語を覚えると効果的！

Part 1　短文の語句空所補充

解答と解説

(1) 訳 A：あなたの辞書を使っていいですか。

B：ええ，もちろん。　正解 ③

解説 of course は，ひとまとまりで「もちろん」という意味。会話問題で頻出。

1. after「～のあとに」　2. with「～といっしょに，～を使って」　3. of「～の，～の中の[で]」　4. on「～の上に，（曜日など）～に」。

(2) 訳 こんにちは，ティナ。私の誕生日パーティーへようこそ！　正解 ①

解説 welcome to ～で「～へようこそ」の意味の頻出表現。

1. to「（方向・目的地）～へ，（程度・限度）～まで」　2. up「上に」　3. over「～の上方に，～を越えて」　4. by「（場所）～のそばに，（手段）～によって」。

(3) 訳 A：お茶が1杯ほしいわ，お母さん。

B：いいわよ，サラ。　正解 ②

解説〈a cup of + 飲み物〉で「（カップ）1杯の～」という意味。

1. table「テーブル」　2. cup「カップ」　3. chair「いす」　4. cap「（ふちのない）帽子」。

(4) 訳 私はたいてい徒歩で学校へ行きます。　正解 ④

解説 on foot は「徒歩で」という意味の頻出表現。

1. about「～について」　2. from「～から」　3. with「～といっしょに，～を使って」　4. on「～の上に，（時間）～に，（手段）～で」。

(5) 訳 A：学校に遅れてはいけないよ，トム。

B：わかっているよ，お父さん。　正解 ③

解説 be late for ～で「～に遅刻する」という意味の頻出表現。

1. busy「忙しい」　2. kind「親切な」　3. late「遅れて」　4. sleepy「眠い」。

文法問題

13 文法問題①

| 学習日 | 目標時間 1問 **30**秒 | 得点 /5 合格点3点 |

次の (1) から (5) までの（　）に入れるのに最も適切なものを 1，2，3，4 の中から一つ選びなさい。

(1) **A**：What is he doing now?

B：He is (　) with his friend on the phone.

1. talked **2**. talks

3. talking **4**. talk

(2) (　) your hands first, Ken.

1. To wash **2**. Washes

3. Wash **4**. Washing

(3) **A**：What does your father do?

B：He is a doctor. He (　) at West Hospital.

1. working **2**. work

3. to work **4**. works

(4) Don't (　) that bicycle. It's not yours.

1. using **2**. use

3. uses **4**. used

(5) She and her friends (　) studying in the library.

1. is **2**. was

3. am **4**. are

解答と解説

(1) **訳** A：彼は今，何をしているのですか。
　　　 B：彼は電話で友だちと話しています。

正解 ③

解説 空所の前にある is に着目する。〈is（am, are）＋ ～ ing〉は現在進行形で，「～しているところだ」という意味を表す。1. talked：過去形
2. talks：3人称単数現在形　3. talking：-ing 形　4. talk：原形。

(2) **訳** 先に手を洗いなさい，ケン。

正解 ③

解説 文頭に空所があることに着目する。動詞の原形から始まる文は，「～しなさい」という命令の意味になる。wash *one's* hands「(～の) 手を洗う」。1. to wash：to 不定詞　2. washes：3人称単数現在形
3. wash：原形　4. washing：-ing 形。

(3) **訳** A：あなたのお父さんのお仕事は何ですか。
　　　 B：父は医者です。ウエスト病院で働いています。

正解 ④

解説 主語は He（3人称・単数）なので，動詞 work の後ろに s をつけるのを忘れないこと。What does ～ do? は「～の職業は何ですか」という意味の決まった表現(P.17 (2)参照)。
1. working：-ing 形　2. work：原形　3. to work：to 不定詞　4. works：3人称単数現在形。

(4) **訳** その自転車を使わないでください。それはあなたのものではありません。

正解 ②

解説 〈Don't ＋ 動詞の原形～ .〉は「～してはいけない」という意味で，禁止の命令を表す。1. using：-ing 形　2. use：原形　3. uses：3人称単数現在形　4. used：過去形。

(5) **訳** 彼女と彼女の友人は図書館で勉強をしています。

正解 ④

解説 主語の She and her friends を They に置きかえて考えてみる。They are ～ ing で，「彼らは～しているところだ」という現在進行形になる。

文法問題②

学習日 ／

目標時間 1問 **30**秒

得点 ／5 合格点3点

次の (1) から (5) までの( )に入れるのに最も適切なものを 1, 2, 3, 4 の中から一つ選びなさい。

(1) A : Where is your mother, Tom?

B : ( ) is in the kitchen.

1. He   **2.** She

3. They   **4.** We

(2) This camera isn't ( ). It's Betty's.

1. you   **2.** her

3. mine   **4.** him

(3) A : A tall man is walking with Jessica. Who is he?

B : He is ( ) father.

1. him   **2.** hers

3. theirs   **4.** her

(4) Listen to ( ), everybody.

1. I   **2.** his

3. their   **4.** her

(5) Is that car over there ( )?

1. our   **2.** they

3. yours   **4.** she

Point

代名詞の４つの形を全部言えるようにしよう！

使い方にも注意！ 主格「～は」，所有格「～の」，目的格「～を[に]」，所有代名詞「～のもの」（別冊 P.8 ～ 9）。

解答と解説

(1) **訳** A：あなたのお母さんはどこにいますか，トム？
B：彼女は台所にいます。

正解 ②

解説 My mother の代わりに She「彼女は」（主格）を用いる。
1. he「彼は」　2. she「彼女は」　3. they「彼らは」　4. we「私たちは」。

(2) **訳** このカメラは私のものではありません。ベティのです。

正解 ③

解説 選択肢の中で，「～のもの」（所有代名詞）を表すのは，mine だけ。
1. you「あなた(たち)は[を，に]」　2. her「彼女の，彼女を[に]」
3. mine「私のもの」　4. him「彼を[に]」。

(3) **訳** A：背の高い男性がジェシカといっしょに歩いています。彼はだれですか。
B：彼は彼女のお父さんです。

正解 ④

解説 その男性 (He) は「ジェシカの(彼女の)お父さん」なので，she の所有格 her が正解。所有格の後ろには必ず名詞がくることに注意。
1. him「彼を[に]」　2. hers「彼女のもの」　3. theirs「彼らのもの」　4. her「彼女の，彼女を[に]」。

(4) **訳** みなさん，彼女の話を聞いてください。

正解 ④

解説 前置詞の後ろには，「～を[に]」という意味を表す目的格がくる。〈前置詞＋目的格(me, you, her, him, them, us, it)〉という形を押さえておこう。〈listen to ＋人〉で「～の話を聞く」の意味。
1. I「私は」　2. his「彼の，彼のもの」　3. their「彼らの」　4. her「彼女の，彼女を[に]」。

(5) **訳** 向こうにあるあの車はあなたのものですか。

正解 ③

解説 That car (over there) is (　). と肯定文に直して考えるとわかりやすい。1. our「私たちの」　2. they「彼らは」　3. yours「あなた(たち)のもの」　4. she「彼女は」。

Part 1 短文の語句空所補充

テーマ **15** 文法問題③

| 学習日 | 目標時間 1問 **30**秒 | 得点 /5 合格点 3 点 |

次の (1) から (5) までの(　)に入れるのに最も適切なものを 1，2，3，4 の中から一つ選びなさい。

(1) **A**：Which watch is yours, the black one (　) the white one?

B：Mine is black.

1. and **2**. or

3. but **4**. so

(2) It's raining, (　) she is at home now.

1. or **2**. before

3. after **4**. so

(3) **A**：Where do you (　) Tomoko live?

B：We live in Nagoya.

1. of **2**. in

3. and **4**. or

(4) He is very busy, (　) he always helps his mother.

1. but **2**. under

3. from **4**. so

(5) I can't write a letter now (　) I don't have a pen.

1. with **2**. because

3. but **4**. on

40

Point

接続詞と前置詞の使い分けに注意！　前置詞の後ろは名詞のみで，接続詞のように文(主語＋動詞)は置けない。

頻出する接続詞をチェック！：A and (or, but) B／because ＋ 主語 ＋ 動詞など。

解答と解説

(1) **訳** A：どちらの時計があなたのものですか。黒いのですか，それとも白いのですか。
　　B：私のものは黒いほうです。　　**正解** ②

解説 〈Which ＋名詞～ , A or B?〉の形で「A または B, どちらの…が～ですか」という意味を表す。**1.** and「～と…, そして」　**2.** or「または, さもないと」　**3.** but「しかし」　**4.** so「それで, だから」。

(2) **訳** 雨が降っているので，彼女は今，家にいます。　**正解** ④

解説 空所の前の「雨が降っている」と，空所の後ろの「彼女は今，家にいる」という内容をつなぐのにふさわしい接続詞は **4.** so「それで, だから」。**2.** before「～する前に」　**3.** after「～したあとで」。

(3) **訳** A：あなたとトモコはどこに住んでいますか。
　　B：私たちは名古屋に住んでいます。　　**正解** ③

解説 We「私たちは」という B の返答から，**3.** and「～と…, そして」とわかる。**1.** of「～の, ～の中の[で]」　**2.** in「(場所) ～の中に, (年・月など) ～に」。

(4) **訳** 彼はとても忙しいですが，彼はいつも母親の手伝いをします。　**正解** ①

解説 空所には，文と文をつなぐ接続詞が入る。選択肢の中で接続詞は but と so の２つで，空所の前後の内容をつなげるのにふさわしいのは，**1.** but「しかし」。**2.** under「～の下に」　**3.** from「～から」。

(5) **訳** 私は今，手紙を書けません。なぜならペンを持っていないからです。　**正解** ②

解説 空所には，文と文をつなぐ接続詞が入る。選択肢の中で接続詞は but と because の２つで，空所の前後の内容をつなげるのにふさわしいのは **2.** because「なぜなら～, ～だから」。**1.** with「～といっしょに, ～を使って」　**4.** on「～の上に, (曜日など) ～に, (手段) ～で」。

力試し

テーマ **16** 総合問題①

| 学習日 | 目標時間 1問 **30**秒 | 得点 /5 合格点3点 |

次の (1) から (5) までの( )に入れるのに最も適切なものを 1，2，3，4 の中から一つ選びなさい。

(1) **A**：( ) food do you like, Mark?
B：I like hamburgers. How about you?
 1. How   **2**. Where
 3. Who   **4**. What

(2) I like swimming, so I often go to the ( ).
 1. library   **2**. cafeteria
 3. pool   **4**. garden

(3) **A**：Where is my bag?
B：( ). It's on the chair.
 1. After school   **2**. The bathroom
 3. Here it is   **4**. That's good

(4) The table is very ( ). My mother wants a new one.
 1. young   **2**. old
 3. cloudy   **4**. favorite

(5) **A**：When is the store open?
B：It's open from 9 a.m. ( ) 8 p.m.
 1. to   **2**. by
 3. for   **4**. on

Ⓟoint 5級合格の絶対条件

まずは単語と熟語をしっかり覚える。

肯定文・否定文・疑問文の語順を押さえる。

解答と解説

(1) 🔟A：あなたはどんな食べ物が好きですか，マーク？

B：ぼくはハンバーガーが好きです。あなたはどうですか。 正解 ④

解説 〈What + 名詞〉で「どんな〜」。ほかの疑問詞の使い方といっしょにモレがないか確認すること！ → P.24, 26　**1.** how「どのように」 **2.** where「どこに[へ]」　**3.** who「だれ(が)」　**4.** what「何(の)，どんな」。

(2) 🔟私は泳ぐのが好きなので，プールによく行きます。 正解 ③

解説 名詞を選ぶ問題。 → P.12, 14　**1.** library「図書館」 **2.** cafeteria「食堂，カフェテリア」　**3.** pool「プール」　**4.** garden「庭」。

(3) 🔟A：私のかばんはどこですか。

B：ほら，ここにありますよ。いすの上にあるでしょ。 正解 ③

解説 熟語を選ぶ問題。Here it is. は相手に対して「ここにありますよ」と伝える表現。ほかの熟語にも注意！ → P.32, 34
1. After school.「放課後です」　**2.** The bathroom.「浴室です」　**3.** Here it is.「ほら，ここにありますよ」　**4.** That's good.「それはよい」。

(4) 🔟そのテーブルはとても古いです。私の母は新しいものがほしいと思っています。 正解 ②

解説 正しい形容詞を選ぶ問題。母親が a new one [table]「新しいテーブル」をほしがっていることに注目。new と old, large と small など，対義語をいっしょに覚える！ → P.20, 22　**1.** young「若い」 **2.** old「古い」 **3.** cloudy「くもった」　**4.** favorite「お気に入りの」。

(5) 🔟A：その店はいつ開いていますか。

B：午前9時から午後8時まで開いています。 正解 ①

解説 時に関係する前置詞を確認！　from A to B は「A から B まで」という頻出表現。→ P.28, 30　**1.** to「(方向・目的地) 〜へ，(程度・限度) 〜まで」 **2.** by「(場所) 〜のそばに，(手段) 〜によって」　**3.** for「〜のために，〜に対して」　**4.** on「〜 の上に，(曜日など) 〜に，(手段) 〜で」。

力試し

テーマ **17** 総合問題②

| 学習日 | 目標時間
1問
30秒 | 得点
／5
合格点3点 |

次の (1) から (5) までの (　) に入れるのに最も適切なものを 1，2，3，4 の中から一つ選びなさい。

(1) **A**：(　) at the picture on the wall.
　　B：Oh, it's very beautiful!
　　1. Looks 　　　　**2**. Look
　　3. Looking 　　　**4**. To look

(2) They are (　) their favorite TV show in the living room now.
　　1. watch 　　　　**2**. watches
　　3. watched 　　　**4**. watching

(3) **A**：Is this guitar (　)?
　　B：No, it's Paul's.
　　1. he 　　　　　**2**. their
　　3. her 　　　　**4**. yours

(4) Do you see a boy (　) there?
　　1. over 　　　　**2**. on
　　3. at 　　　　　**4**. with

(5) **A**：(　) your brother in the baseball club?
　　B：No. He is in the tennis club.
　　1. Are 　　　　**2**. Do
　　3. Is 　　　　　**4**. Does

Point 5級合格の絶対条件

疑問詞や代名詞の使い方をしっかり覚える。

現在形と現在進行形を区別し，それぞれの形を押さえる。

自分の苦手な分野(単語・熟語・文法)を把握する。

解答と解説

(1) 訳 A：壁にかかっているその絵を見てください。

B：わあ，とてもきれいですね！ **正解 ②**

解説 命令文の問題。文頭に空所があることに着目する。動詞の原形から始まる文は，「～しなさい」という命令の意味になる。→ P36, 38
1. looks：3人称単数現在形　2. look：原形　3. looking：-ing形　4. to look：to不定詞。

(2) 訳 彼らは今，リビングでお気に入りのテレビ番組を見ています。 **正解 ④**

解説 現在進行形〈are（is，am）+ ～ ing〉の問題。空所の前の are に着目して解く。→ P.36, 38　1. watch：原形　2. watches：3人称単数現在形　3. watched：過去形　4. watching：-ing形。

(3) 訳 A：このギターはあなたのものですか。

B：いいえ，それはポールのものです。 **正解 ④**

解説 代名詞の問題。選択肢の中で，「～のもの」(所有代名詞)を表すのは yours だけである。→ P.38　1. he「彼は」　2. their「彼らの」　3. her「彼女の，彼女を(に)」　4. yours「あなた(たち)のもの」。

(4) 訳 向こうにいる男の子が見えますか。 **正解 ①**

解説 熟語の問題。over there のかたまりで「向こうに，あそこに」という意味を表す。→ P.35　1. over「～の上方に，～を越えて」　2. on「～の上に，(曜日など)～に」　3. at「(場所)～で，(時刻)～に」　4. with「～といっしょに，～を使って」。

(5) 訳 A：あなたのお兄さんは野球部に入っていますか。

B：いいえ。彼はテニス部に入っています。 **正解 ③**

解説 be動詞を用いた疑問文の問題。正解は，主語が your brother であること，B が is を用いて答えていることからわかる。→ P.36

会話文の文空所補充

POINT

形式	2人の人物の会話が完成するように，空所に入る適切な文や語句を4つの選択肢の中から1つ選ぶ
問題数	5問
目標時間	5分
傾向	疑問詞(What など)で始まる疑問文に対する応答を選ぶ問題や，場面に合った応答を選ぶ問題が出題される
対策	問題を解く際は「会話の流れと自然な応答」を意識し，「それが成り立つ選択肢」を見分ける感覚をみがこう！

疑問詞を含む問題

テクニック❶ 疑問詞と答え方をセットで覚える！

下の表と例題を参考にして，疑問詞と典型的な答え方をしっかり覚えましょう。

疑問詞	答えの例
When「いつ」	on Sunday, in August など「時」
Where「どこで」	at school, in the bathroom など「場所」
Who「だれが」	my grandmother, Mr. Jones など「人」
Whose「だれの」	mine, hers, my brother's など「持ち主」
What「何を」	pizza, book, tennis など「もの」や「こと」
How「どのように，どれくらい」	by bus, ten dollars など「交通手段」や「数量」

〈例題〉Woman ： Excuse me. Where is the station?

Man ：(　　　)

1. It's over there.　　2. It's two o'clock.

3. Good idea.　　4. You're welcome.

正解：**1** (where「どこに」/ over there「向こうに」)

テクニック❷ よく出る会話表現を覚えよう!

初対面での あいさつ表現	I'm Peter Jackson.　Nice to meet you. 「私はピーター・ジャクソンです。お会いできてうれしいです」 →[答え方] My name is Junko Suzuki.　Nice to meet you, too. 「私の名前はスズキ・ジュンコです。私もお会いできてうれしいです」
日常の あいさつ表現	Good morning, Miki.　How are you? 「おはよう，ミキ。ご機嫌いかがですか」 →[答え方] I'm fine [good / great].「元気です」など
お礼を述べる 表現	Thank you for the present.「プレゼントをどうもありがとう」 →[答え方] You're welcome.「どういたしまして」
人にものを 勧める表現	Do you want some dessert?「デザートはいかがですか」 →[答え方] Yes, please.「ええ，お願いします」/ 　　　　　 No, thank you.「いいえ，けっこうです」
人を誘う表現	Let's go swimming in the lake.「湖に泳ぎに行きましょう」 →[答え方] Yes, let's.「そうしましょう」/ 　　　　　 OK. [All right.]「いいよ」/ 　　　　　 (I'm) sorry.　I can't.「ごめんなさい。できません」など
人に物事を 頼む表現	Can you help me? [Please help me.] 「手伝ってくれる？[手伝ってください]」 →[答え方] Of course. [OK. / All right.]「もちろんいいよ」/ 　　　　　 (I'm) sorry.　I can't.「ごめんなさい。できません」など
相手の意見を 求める表現	I like cats.　How about you? 「私は猫が好きです。あなたはどうですか」 →[答え方] Me, too.「私もです」/ 　　　　　 I like dogs.「私は犬が好きです」など

〈例題〉 Man 1 : Let's play tennis.

　　　　 Man 2 : (　　) I have a lot of work.

　　　　 1. You, too.　　　　　2. Sorry, I can't.

　　　　 3. It's me.　　　　　　4. You're welcome.

正解：2

| 学習日 | 目標時間 1問 30秒 | 得点 合格点3点 /5 |

次の (1) から (5) までの( )に入れるのに最も適切なものを 1，2，3，4 の中から一つ選びなさい。

(1) **Girl**：Where is my bag?

▱ **Mother**：( ) It's by your desk.

  1. On weekends.　　　　**2**. It's yours.
  3. No, thank you.　　　　**4**. Here it is.

(2) **Mother**：Do you want some bread, Tom?

▱ **Boy**：( ) I'm very hungry.

  1. No, I can't.　　　　**2**. Yes, please.
  3. They're easy.　　　　**4**. In the kitchen.

(3) **Girl 1**：When do you play the piano, Nancy?

▱ **Girl 2**：( )

  1. In the living room.　　　　**2**. With my mother.
  3. Before dinner.　　　　**4**. Please do it.

(4) **Boy 1**：Do you have any English books?

▱ **Boy 2**：Yes, ( )

  1. I have about twenty.　　　　**2**. every day.
  3. to the library.　　　　**4**. it's a book store.

(5) **Father**：Who can run fast in your class?

▱ **Boy**：( )

  1. I can sing well.　　　　**2**. Brian can.
  3. He likes soccer.　　　　**4**. After school.

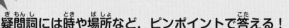

Point

疑問詞には時や場所など，ピンポイントで答える！

Yes/No で答える Do you ～？の疑問文でも，時や場所，数などを具体的に答えるパターンに注意しよう！

解答と解説

(1) 🔵訳 女の子：私のかばんはどこ？
母親：ここにあるわよ。あなたの机のそばにあるわ。 **正解 ④**

🔵解説 Here it is. は，捜し物が「ここにありますよ」と言いたい場合に用いる。1.「毎週末に」 2.「それはあなたのものです」 3.「いいえ，けっこうです」 4.「ここにありますよ」。

(2) 🔵訳 母親：ちょっとパンを食べる，トム？
男の子：うん，お願い。とてもおなかがすいてるんだ。 **正解 ②**

🔵解説 何かを勧められ，それを受け入れる場合は Yes, please.「はい，お願いします」，断る場合は No, thank you.「いいえ，けっこうです」などの表現を用いる。1.「いいえ，できません」 2.「ええ，お願いします」 3.「それらは簡単です」 4.「台所に」。

(3) 🔵訳 女の子1：あなたはいつピアノを弾くのですか，ナンシー？ **正解 ③**
女の子2：夕食前です。

🔵解説 When ～？「いつ～」とたずねているので，「時」を答えている選択肢を選ぶ。1.「リビングで」 2.「母といっしょに」 3.「夕食前に」 4.「それをしてください」。

(4) 🔵訳 男の子1：英語の本を何冊か持ってるかな？
男の子2：うん，20冊くらい持ってるよ。 **正解 ①**

🔵解説 選択肢1以外は，「英語の本を持っているか」という問いの答えになっていない。1.「20冊ほど持っています」 2.「毎日」 3.「図書館へ」 4.「それは書店です」。

(5) 🔵訳 父親：クラスの中で足が速いのはだれだい？
男の子：ブライアンだよ。 **正解 ②**

🔵解説 Who ～？「だれが～」とたずねているので，人物を答えている選択肢2が正解。1.「私は上手に歌えます」 2.「ブライアンです」 3.「彼はサッカーが好きです」 4.「放課後に」。

テーマ

2 <ruby>一<rt>いっ</rt></ruby><ruby>般<rt>ぱん</rt></ruby>の<ruby>会<rt>かい</rt></ruby><ruby>話<rt>わ</rt></ruby><ruby>問<rt>もん</rt></ruby><ruby>題<rt>だい</rt></ruby>

学習日	目標時間 1問 30秒	得点 /5 合格点3点
／		

<ruby>次<rt>つぎ</rt></ruby>の (1) から (5) までの(　　)に<ruby>入<rt>い</rt></ruby>れるのに<ruby>最<rt>もっと</rt></ruby>も<ruby>適<rt>てき</rt></ruby><ruby>切<rt>せつ</rt></ruby>なものを 1，2，3，4 の<ruby>中<rt>なか</rt></ruby>から<ruby>一<rt>ひと</rt></ruby>つ<ruby>選<rt>えら</rt></ruby>びなさい。

（**1**） **Teacher**：Please open the windows, Kathy. （　　）
　　　Student：Yes, Mr. Smith.

　　1. It's beautiful. 　　　　　　**2**. It's hot today.
　　3. Don't stand up. 　　　　　　**4**. Good morning.

（**2**） **Girl 1**：Happy Birthday, Jane! （　　）
　　　Girl 2：Thank you, Mary.

　　1. This is for you. 　　　　　　**2**. I'm sorry.
　　3. Don't come to the party. 　　**4**. This isn't yours.

（**3**） **Boy 1**：I like baseball very much. （　　）
　　　Boy 2：Me, too.

　　1. When do you play it? 　　　　**2**. What sport do you like?
　　3. Who is your favorite player? 　**4**. How about you?

（**4**） **Mother**：Dinner is ready, Sara.
　　　Girl：OK, Mom. （　　）

　　1. Good night. 　　　　　　　**2**. I'm making dinner.
　　3. I'm coming. 　　　　　　　**4**. She is in the kitchen.

（**5**） **Girl**：Hi, my name is Tomoko. I'm from Japan.
　　　Boy：Hi, I'm Jimmy, from Australia. （　　）

　　1. You're welcome. 　　　　　　**2**. Nice to meet you.
　　3. She is a student. 　　　　　　**4**. It's me.

Point

問題はすべて，「ごく当たり前の場面の自然な会話」！

「自然な会話の流れ」に注意し，空所の前後にある「根拠」を見つけよう！

解答と解説

(1) 訳 先生：窓を開けてください，キャシー。今日は暑いです。 正解 ②
生徒：はい，スミス先生。

解説 選択肢 **2** は，先生が窓を開けてほしい理由になっている。
1.「それはきれいです」 **2.**「今日は暑いです」 **3.**「立ち上がってはいけません」 **4.**「おはようございます」。

(2) 訳 女の子 1：誕生日おめでとう，ジェーン！ これをあなたにあげます。 正解 ①
女の子 2：ありがとう，メアリー。

解説 Thank you.「ありがとう」とお礼を述べているのをヒントに解く。
1.「これをあなたにあげます」 **2.**「ごめんなさい」 **3.**「パーティーに来ないでください」 **4.**「これはあなたのものではありません」。

(3) 訳 男の子 1：ぼくは野球が大好きなんだ。きみはどうだい？ 正解 ④
男の子 2：ぼくもだよ。

解説 Me, too.「ぼくもです」と答えられるのは **4** だけ。**1.**「あなたはいつそれをしますか」 **2.**「あなたはどんなスポーツが好きですか」 **3.**「あなたのお気に入りの選手はだれですか」 **4.**「あなたはどうですか」。

(4) 訳 母親：夕食の準備ができましたよ，サラ。 正解 ③
女の子：わかりました，お母さん。今，行きます。

解説 話し手がいる場所に向かうときには I'm coming.「今，行きます」。
1.「おやすみなさい」 **2.**「私は夕食を作っています」 **3.**「今，行きます」 **4.**「彼女は台所にいます」。

(5) 訳 女の子：私の名前はトモコです。日本から来ました。 正解 ②
男の子：こんにちは，ぼくの名前はジミーで，オーストラリア出身です。お会いできてうれしいです。

解説 互いに自己紹介をしているので，2 人は初対面だとわかる。
1.「どういたしまして」 **2.**「お会いできてうれしいです，はじめまして」 **3.**「彼女は学生です」 **4.**「それはぼくです」。

Part2 会話文の文空所補充

力試し

テーマ **3** 総合問題

学習日	目標時間 1問 30秒	得点 /5 合格点3点

次の (1) から (5) までの (　) に入れるのに最も適切なものを 1，2，3，4 の中から一つ選びなさい。

(1) **Mother** : What are you doing, Mary?
Girl : (　) Mom.

1. I often go to the library,　　**2**. I think so,
3. I live here,　　**4**. I'm making cookies,

(2) **Father** : (　)
Boy : OK. Good night, Dad.

1. Where are you from?　　**2**. It's time for bed.
3. What are you eating?　　**4**. You're welcome.

(3) **Boy** : How do you go to school?
Girl : (　)

1. In the classroom.　　**2**. It's my textbook.
3. By bicycle.　　**4**. On Monday.

(4) **Girl 1** : Let's go shopping, Jane.
Girl 2 : (　) I have a lot of homework.

1. You, too.　　**2**. I want a new T-shirt.
3. It's too cold.　　**4**. Sorry, I can't.

(5) **Woman** : (　)
Man : I'm a math teacher.

1. What do you do?　　**2**. What are you doing now?
3. When does your lesson begin?　　**4**. How old are you?

52

Point

how many, how much など，「how ＋ α」をしっかり押さえる。

「ごく当たり前で自然な会話の流れ」になるよう意識する。

各疑問詞に対する答え方の典型例を徹底的に復習する。

解答と解説

(1) **訳** 母親：何をしているの，メアリー？
　　 女の子：クッキーを作っているの，お母さん。　**正解** ④

解説 母親は現在進行形を用いて，女の子が「今まさにしていること」についてたずねている。1.「私はよく図書館に行きます」 2.「私はそう思います」 3.「私はここに住んでいます」 4.「私はクッキーを作っています」。

(2) **訳** 父親：寝る時間だよ。
　　 男の子：わかりました。おやすみなさい，お父さん。　**正解** ②

解説 男の子の就寝のあいさつをヒントに解く。time for ～ で「～の時間」という意味。1.「どちらのご出身ですか」 2.「寝る時間ですよ」 3.「あなたは何を食べているのですか」 4.「どういたしまして」。

(3) **訳** 男の子：あなたはどのようにして学校に行きますか。
　　 女の子：自転車で行きます。　**正解** ③

解説 男の子は How「どのように」を用いて，学校に行く手段をたずねている。〈by ＋ 交通手段を表す名詞〉で「を使って」。1.「教室の中に」 2.「それは私の教科書です」 3.「自転車で」 4.「月曜日に」。

(4) **訳** 女の子1：買い物に行きましょう，ジェーン。
　　 女の子2：ごめん，行けないわ。宿題がたくさんあるの。　**正解** ④

解説 I have a lot of homework. は，買い物に行けない理由を表している。1.「あなたも」 2.「私は新しいTシャツがほしいです」 3.「寒すぎます」 4.「ごめんなさい，できません（行けません）」。

(5) **訳** 女性：あなたのお仕事は何ですか。
　　 男性：私は数学の教師です。　**正解** ①

解説 What do you do? は職業をたずねる決まった表現。このように質問する側が do を使っていても，答える側は "I am ～ ." と be 動詞を使って答える場合が多いので注意！ 1.「あなたのお仕事は何ですか」 2.「あなたは今，何をしているところですか」 3.「あなたのレッスンはいつ始まりますか」 4.「あなたは何歳ですか」。

Part2 会話文の文空所補充

日本文付き短文の語句整序

POINT

形　式	日本語に合うように，4つの語句を並べかえて英文を完成させ，1番目と3番目にくる語の組み合わせを選ぶ
問題数	5問
目標時間	5分
傾　向	問題は「疑問詞を含む問題」「熟語問題」「文法問題」の3種類。それぞれの出題数は毎回変わるが，各タイプから必ず1問は出題される
対　策	肯定文・否定文・疑問文の語順を正確に理解する。あわせて基本的な単語・熟語，文法の知識を身につける

疑問詞を含む問題

テクニック❶ 疑問詞の語順を理解する！

Point 1 疑問詞は必ず文の先頭に置く。

Point 2 be動詞を使う場合の語順 ⇒〈疑問詞 + be動詞 + 主語〜 ?〉
(例) Who **is that man**?　「あの人はだれですか」

Point 3 一般動詞を使う場合の語順 ⇒〈疑問詞 + do[does] + 主語 + 動詞の原形〜 ?〉
(例) How **do you eat** this fruit?　「この果物はどうやって食べますか」

熟語問題

テクニック❷ よく出る熟語を覚えよう!

in the morning	午前中に	go shopping	買い物に行く
in the afternoon	午後に	go swimming	水泳に行く
every day	毎日	take a walk	散歩をする
every month	毎月	take a bath	風呂に入る
after school	放課後	have a good time	よい時間を過ごす
be from ～	～出身である	by car	車で
come from ～	～出身である	by bus	バスで
live in ～	～に住んでいる	by train	電車で

〈例題〉父は朝に 3 キロメートル走ります。

(① runs ② 3 kilometers ③ my father ④ in)

[1番目][ ][3番目][ ] the morning.

1. ①－② 　2. ③－② 　3. ③－① 　4. ③－④

「in the morning (朝に)」という熟語を思いつけば正解を導けます。

My father runs 3 kilometers <u>in the morning</u>. となり, 正解は選択肢 **2** です。

 文法問題

テクニック❸ 否定文の語順を意識しよう!

否定文の作り方も be 動詞と一般動詞に分けて理解しましょう。
● be 動詞の否定文 ⇒ 〈is [am, are] + not〉
●一般動詞の否定文 ⇒ 〈do [does] + not + 動詞の原形〉

〈例題〉ミホはバイオリンを持っていません。

(① have ② Miho ③ doesn't ④ a violin)

[1番目][ ][3番目][ ].

1. ③－④ 　2. ④－③ 　3. ①－② 　4. ②－①

一般動詞の否定文は 〈主語 + do not + 動詞の原形 .〉となります。3 人称
<u>単数</u>が主語の場合は do が does になります。

この点を意識すれば, Miho <u>doesn't have</u> a violin. となり, 正解は **4** です。

テーマ **1** 疑問詞を含む問題

学習日	目標時間 1問	得点
／	**30**秒	／5 合格点3点

次の (1) から (5) までの日本文の意味を表すように①から④までを並べかえて □ の中に入れなさい。そして，1番目と3番目にくるものの最も適切な組み合わせを 1，2，3，4 の中から一つ選びなさい。※ただし（　）の中では，文のはじめにくる語も小文字になっています。

(1) あなたのお父さんは何歳ですか。

（① father　② old　③ your　④ is）

How ［1番目□］［□］［3番目□］［□］ ?

1. ④—②　　**2.** ④—③　　**3.** ①—③　　**4.** ②—③

(2) これはだれの漫画本ですか。

（① is　② book　③ comic　④ whose）

［1番目□］［□］［3番目□］［□］ this?

1. ①—②　　**2.** ③—①　　**3.** ④—②　　**4.** ①—④

(3) この川の長さはどれくらいですか。

（① long　② this　③ how　④ is）

［1番目□］［□］［3番目□］［□］ river?

1. ④—②　　**2.** ③—④　　**3.** ②—③　　**4.** ③—②

(4) あなたはジャケットを何着持っていますか。

（① jackets　② do　③ many　④ how）

［1番目□］［□］［3番目□］［□］ you have?

1. ④—①　　**2.** ②—①　　**3.** ③—④　　**4.** ③—②

(5) あなたのピアノのレッスンはいつですか。

（① is　② piano　③ when　④ your）

［1番目□］［□］［3番目□］［□］ lesson?

1. ①—②　　**2.** ④—①　　**3.** ③—④　　**4.** ②—③

Point

疑問詞を含む並べかえ問題は，疑問詞を文頭に置く！

〈疑問詞 + be 動詞 + 主語 ?〉/〈疑問詞 + do [does] + 主語 + 動詞の原形 ?〉の語順が基本。

解答と解説

(1) 正しい文 How old is your father ?
　　　　　　② ④ ③ ①

解説 「～は何歳ですか」と「年齢」をたずねるときは，〈How old + be 動詞 + 主語 ?〉の形を用いる。

(2) 正しい文 Whose comic book is this?
　　　　　　④ 　 ③ ② ①

解説 「だれの～」と「所有者」をたずねるときは，〈Whose + 名詞～?〉を用いる。したがって，Whose comic book となり，あとは基本的な疑問文の語順で is this をつなげる。comic book のかたまりで「漫画本」という意味を表す。

(3) 正しい文 How long is this river?
　　　　　　③ ① ④ ②

解説 「～の長さはどれくらいですか」と「長さ」をたずねるときは，〈How long + be 動詞 + 主語 ?〉の形を用いる。

(4) 正しい文 How many jackets do you have?
　　　　　　④ ③ ① ②

解説 「～をいくつ…ですか」と「数」をたずねるときは，〈How many + 複数名詞 + do [does] + 主語 + 動詞の原形… ?〉の形を用いる。

(5) 正しい文 When is your piano lesson?
　　　　　　③ ① ④ ②

解説 「いつ～ですか」と「時」をたずねるときは，When を用いる。

Part 3 日本文付き短文の語句整序

テーマ **2** 熟語問題

学習日	目標時間	得点
／	1問 **30**秒	／5 合格点3点

次の (1) から (5) までの日本文の意味を表すように①から④までを並べかえて □ の中に入れなさい。そして，1 番目と 3 番目にくるものの最も適切な組み合わせを 1，2，3，4 の中から一つ選びなさい。

(1) 私は牛乳が 1 杯ほしいです。

（① milk　② glass　③ of　④ a）

I want □ [1番目] □ □ [3番目] □ .

1. ①—③　　**2.** ②—④　　**3.** ①—②　　**4.** ④—③

(2) 5 時に彼の誕生日パーティーに来てください。

（① to　② birthday　③ come　④ his）

Please □ [1番目] □ □ [3番目] □ party at five.

1. ④—③　　**2.** ②—①　　**3.** ③—④　　**4.** ①—③

(3) ナオミは台所で料理をするのが好きです。

（① the　② cooking　③ in　④ likes）

Naomi □ [1番目] □ □ [3番目] □ kitchen.

1. ④—③　　**2.** ④—①　　**3.** ②—③　　**4.** ③—④

(4) さようなら，ウィリアム先生。楽しい週末をお過ごしください。

（① nice　② a　③ have　④ weekend）

Goodbye, Mr. William. □ [1番目] □ □ [3番目] □ .

1. ③—①　　**2.** ①—④　　**3.** ②—④　　**4.** ③—②

(5) ルーシー，昼食の時間ですよ。

（① lunch　② time　③ it's　④ for）

Lucy, □ [1番目] □ □ [3番目] □ .

1. ①—③　　**2.** ②—①　　**3.** ④—①　　**4.** ③—④

Point

熟語を含む並べかえ問題は，まず熟語から組み立てる！

熟語は別冊 P.48 でしっかりチェックしよう！

解答と解説

(1) 正しい文 I want a glass of milk.
④　②　③　①

正解 ④

解説 「（グラス）1杯の〜」は a glass of 〜を用いて表す。

(2) 正しい文 Please come to his birthday party at five.
③　①　④　②

正解 ③

解説 「〜に来る」は come to 〜を用いて表す。「彼の誕生日パーティー」は，〈代名詞の所有格 + 名詞〉の形を用いて his birthday party と表す。

(3) 正しい文 Naomi likes cooking in the kitchen.
④　②　③　①

正解 ①

解説 「〜するのが好き」は like 〜 ing を用いて表す。「台所で料理をする」は「台所という空間の中で料理をする」という意味なので，cook in the kitchen と表す。

(4) 正しい文 Goodbye, Mr. William. Have a nice weekend.
③　②　①　④

正解 ①

解説 「楽しい〜をお過ごしください」は Have a nice 〜 . という表現を用いて表す。

(5) 正しい文 Lucy, it's time for lunch.
③　②　④　①

正解 ④

解説 「〜の時間，〜のための時間」は time for 〜を用いて表す。時間を表すときは，主語を it にするという点も押さえておくこと。

テーマ **3** 文法問題

学習日	目標時間 1問 **30**秒	得点 合格点3点 /5
／		

次の (1) から (5) までの日本文の意味を表すように①から④までを並べかえて □ の中に入れなさい。そして，1 番目と 3 番目にくるものの最も適切な組み合わせを 1, 2, 3, 4 の中から一つ選びなさい。※ただし( )の中では，文のはじめにくる語も小文字になっています。

(1) あなたは英語の歌を上手に歌えますか。

(① sing　② you　③ can　④ an)

□　□　□ English song well?
1番目　　　3番目

1. ①―③　　**2.** ②―①　　**3.** ③―①　　**4.** ①―②

(2) 私の父は家で新聞を読みません。

(① newspapers　② read　③ at　④ doesn't)

My father □　□　□　□ home.
　　　　1番目　　　3番目

1. ④―③　　**2.** ②―①　　**3.** ③―④　　**4.** ④―①

(3) 私は毎週日曜日に妹といっしょにテニスをします。

(① with　② play　③ my sister　④ tennis)

I □　□　□ every Sunday.
　1番目　　　3番目

1. ②―④　　**2.** ①―②　　**3.** ④―③　　**4.** ②―①

(4) プールで泳いでいるのはだれですか。

(① is　② in　③ swimming　④ who)

□　□　□ the pool?
1番目　　　3番目

1. ④―①　　**2.** ③―②　　**3.** ④―③　　**4.** ①―④

(5) 夜にコーヒーを飲まないで。

(① drink　② coffee　③ don't　④ at)

□　□　□ night.
1番目　　　3番目

1. ①―④　　**2.** ③―④　　**3.** ③―②　　**4.** ④―①

Point

肯定文・否定文・疑問文の形をしっかり押さえよう！

疑問詞の位置（文頭），現在進行形の形〈is [am, are] ＋ 〜 ing〉，前置詞 ＋ 名詞にも注意！

解答と解説

(1) 正しい文 <u>Can</u> <u>you</u> <u>sing</u> <u>an</u> English song well?
　　　　　　 ③　 ②　 ①　 ④

正解 **3**

解説 助動詞を用いた疑問文の問題。「あなたは〜できますか」は〈Can you ＋ 動詞の原形〜 ?〉と表す。助動詞を用いた文の中では，動詞は原形になる点をしっかり押さえておく。

(2) 正しい文 My father <u>doesn't</u> <u>read</u> <u>newspapers</u> <u>at</u> home.
　　　　　　　　　　　　 ④　　　 ②　　　　 ①　　 ③

正解 **4**

解説 否定文を作る問題。選択肢に doesn't が含まれていることに着目する。「読みません」とあるので，動詞の read の前に doesn't を置く。at home は「家で」という意味の頻出表現。

(3) 正しい文 I <u>play</u> <u>tennis</u> <u>with</u> <u>my sister</u> every Sunday.
　　　　　　 ②　 ④　　 ①　　 ③

正解 **4**

解説 前置詞 with「〜といっしょに」を含む問題。play 〜で「〜をする（スポーツや楽器など）」。play baseball「野球をする」，play the guitar「ギターを弾く」など。また，スポーツの場合は the をつけず，楽器の場合は必ず the をつけることにも注意。

(4) 正しい文 <u>Who</u> <u>is</u> <u>swimming</u> <u>in</u> the pool?
　　　　　　　 ④　 ①　 ③　　 ②

正解 **3**

解説 疑問詞 who を用いる現在進行形の文を作る問題。疑問詞を必ず文頭に置くことに注意。現在進行形〈is[am, are] ＋ 〜 ing〉は並べかえ問題で頻出。また，「プールで」はプールの中で泳ぐので in the pool となる。

(5) 正しい文 <u>Don't</u> <u>drink</u> <u>coffee</u> <u>at</u> night.
　　　　　　　 ③　　 ①　　 ②　 ④

正解 **3**

解説 禁止の命令文を作る問題。「〜してはいけない」と禁止の命令をする場合は，〈Don't ＋ 動詞の原形〜 .〉を用いる。また，「夜に」は at night。

力試し

テーマ **4** 総合問題

| 学習日 | 目標時間 1問 **30**秒 | 得点 合格点3点 /5 |

次の (1) から (5) までの日本文の意味を表すように①から④までを並べかえて □ の中に入れなさい。そして，1番目と3番目にくるものの最も適切な組み合わせを1，2，3，4 の中から一つ選びなさい。※ただし（　）の中では，文のはじめにくる語も小文字になっています。

(1) この雑誌はいくらですか。
（① much　② this magazine　③ how　④ is）

| 1番目 | | 3番目 | |
| | | | ? |

1. ①—③　　　**2.** ②—③　　　**3.** ④—③　　　**4.** ③—④

(2) あの自転車はだれのものですか。
（① that　② whose　③ is　④ bike）

| 1番目 | | 3番目 | |
| | | | ? |

1. ②—③　　　**2.** ③—①　　　**3.** ②—①　　　**4.** ④—③

(3) クッキーをもっといかがですか。
（① you　② more　③ want　④ do）

| 1番目 | | 3番目 | |
| | | | cookies? |

1. ①—②　　　**2.** ③—④　　　**3.** ④—③　　　**4.** ①—③

(4) 昼食にサンドイッチを作りましょう。
（① for　② let's　③ sandwiches　④ make）

| 1番目 | | 3番目 | |
| | | | lunch. |

1. ④—②　　　**2.** ②—③　　　**3.** ③—①　　　**4.** ②—④

(5) 私はいつも6時に起きます。
（① up　② six　③ at　④ get）

I always

| 1番目 | | 3番目 | |
| | | | . |

1. ①—③　　　**2.** ②—①　　　**3.** ③—②　　　**4.** ④—③

Point

疑問詞，否定文，現在進行形，Let's や否定の命令文などの頻出事項を押さえる。

単語と単語の結びつきやかたまりを意識しよう！

解答と解説

(1) 正しい文 <u>How</u> <u>much</u> <u>is</u> <u>this magazine</u> ?
③ ① ④ ②

解説 疑問詞を文頭に置いて並べかえる問題。「～はいくらですか」と物の値段をたずねる場合は，How much ～ ? を用いる。あとは基本的な疑問文の語順で，is this magazine をつなげる。

(2) 正しい文 <u>Whose</u> <u>is</u> <u>that</u> <u>bike</u> ?
② ③ ① ④

解説 疑問詞 whose を用いて疑問文を作る問題。whose は「持ち主」をたずねる疑問詞。主語が「あの自転車」であることに注意。「あれはだれの自転車ですか」と主語が「あれ」になる場合は Whose bike is that? となる。

(3) 正しい文 <u>Do</u> <u>you</u> <u>want</u> <u>more</u> cookies?
④ ① ③ ②

解説 人にものを勧める文を作る問題。選択肢の動詞 want「～がほしい」に着目する。「クッキーをもっといかがですか」は「クッキーをもっとほしいですか」と言いかえることができるので，Do you want ～ ? を用いる。

(4) 正しい文 <u>Let's</u> <u>make</u> <u>sandwiches</u> <u>for</u> lunch.
② ④ ③ ①

解説 「～しましょう」と誘う文を作る問題。〈Let's ＋ 動詞の原形～ .〉を用いて表す。「サンドイッチを作る」は make sandwiches，「昼食に」は「昼食用に，昼食のために」という意味なので，for lunch と表す。

(5) 正しい文 I always <u>get</u> <u>up</u> <u>at</u> <u>six</u>.
④ ① ③ ②

解説 熟語を含む問題。get up で「起きる」，〈at ＋ 時刻〉で「～時に」となる。

Part 3 日本文付き短文の語句整序

63

攻略テクニック Part 4

リスニング総合

P.O.I.N.T

形 式

第1部 男女一組のイラストを見ながら英文を聞き，最も適切な応答を，放送される3つの選択肢の中から選ぶ

第2部 男女一組の対話を聞き，その内容に関する質問の答えを，印刷された4つの選択肢の中から選ぶ

第3部 イラストを見ながら3つの英文を聞き，その中からイラストの内容を最もよく表しているものを選ぶ

問 題 数

25問
(第1部：10問／第2部：5問／第3部：10問)

解答時間

1問につき10秒

傾 向

放送文はそれぞれ二度ずつ読まれる

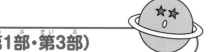

テクニック①　イラストに注目！（第1部・第3部）

第1部
● 男女一組が描かれている。
● イラストは単にヒントの役割。⇒ 問題は英文だけで解けるが，イラストを参考にしたほうが解きやすい。

第3部
● 単独の人やものだけのことが多く，第1部よりもシンプルな傾向。
● イラストの内容が問われる。⇒ イラストを見ないと解けない。

いずれの場合でも，しっかりイラストを見たうえで解くようにしましょう。

テクニック❷ 1回目で聞き取れなくてもパニックにならない!

　5級のリスニング問題はすべて放送が2回流れます。これは，解く側にとっては大きなメリットです。1回目によく聞き取れなかったとしても，すぐに気持ちを切りかえ，2回目に意識を集中してください。

テクニック❸ 英語の音に慣れる!

　英語の音にふだんから慣れているかどうかで，リスニングを難しく感じるかどうかは大きく異なります。しかし，慣れていない人でも心配はいりません。これから試験日まで，本書の音声も大いに活用してください。

　じつは，**リスニング上達のコツはつねに新しいものを聞くことではなく，同じものを何度も聞くこと**なのです。しっかり聞き取れないまま，新しい英文を次々に聞くのではなく，はっきり聞き取れるまで一つの英文を何度も聞くことで，リスニング力はアップします!

テクニック❹ 意味のわからない単語は聞き取れても意味がない!

　リスニングが苦手だからといって，聞き取りに気を取られるあまり，単語を覚えることをサボってしまうと意味がありません。

　当たり前のことですが，意味のわからない単語を聞き取れても内容は理解できません。また，文字として知っている単語でも，英語の発音は思っていた発音と違う場合もあります。

　英単語を覚える際は，意味やつづりだけでなく発音も意識してください。単語は声に出して，読んで覚えるのがお勧めです。

第1部 会話の応答文選択

POINT

形式	イラストを見ながら英文を聞き，最も適切な応答を，放送される3つの選択肢の中から選ぶ
問題数	10問
解答時間	1問につき10秒
傾向	英文は1文で，それに対する応答が3文読まれる。放送文はそれぞれ二度ずつ読まれる
対策	放送前にイラストを見て，登場人物（男女一組），場所，目立つものを確認しよう。疑問詞を用いない疑問文と，疑問詞を用いた疑問文に対する答え方の練習をしよう！

疑問文への応答

テクニック❶ 「疑問文に対する正しい答え方」に注意！

　イラストはあくまでもヒントで，大切なのは放送される疑問文をしっかり聞き取ること。そのうえで，「疑問文に対する正しい答え方」に集中してください。
　答え方のパターンは，テクニック❷，❸で学習しましょう！

テクニック❷ 疑問詞を用いない疑問文にはYes／Noで答える！

　疑問詞以外の疑問文には原則として，Yes／Noで答えます。実際の英会話ではそれ以外の答え方をすることもよくありますが，5級の問題では，大半が原則通りに答えます。

〈例題〉 放送される文 Do you want some water?
1. Yes, please.　　2. In the dining room.　　3. You are welcome.

Do you 〜 ？で始まっている疑問文なので，素直に 1 の「Yes, please. (はい，お願いします)」を選べば正解です。

テクニック❸ 疑問詞を用いた疑問文では疑問詞に合わせる！

疑問詞には Yes / No では答えられません。疑問詞ごとに答え方が異なります。P.46「会話文の文空所補充」のテクニック❶を参照してください。

疑問詞や文全体の意味を自然に理解できるようになるには，**聞き取った疑問文を書き起こす練習**が効果的です。

〈例題〉 放送される文 Where is my bag, Mom?
1. At six.　　2. It's mine.　　3. In your room.

Where 〜 ？で場所をたずねているので，答えは 3. In your room.「あなたの部屋の中よ」を選びます。1 は When と聞き間違えたとき，2 は Whose と聞き間違えたときの答えです。

疑問文以外への応答

テクニック❹ さまざまな応答の表現を覚えよう！

質問が疑問文でない問題も多少出題されます。この場合でも慌てずに，**対話として自然な流れになる応答**を選びましょう。そのためには，実際の会話でよく使う応答の表現をしっかり覚えることが大切です。

〈例題〉 放送される文 Dad, this is my friend James.
1. Me, too.　　2. Sure.　　3. Nice to meet you, James.

英文の意味は「お父さん，こちらは友だちのジェームスです」。自然な流れになるのは 3 の「はじめまして，ジェームス」です。Nice to meet you. は初対面の人に声をかけるのに使われます。

テーマ 1 疑問詞以外の文への応答

学習日	目標時間 1問 10秒	得点 /6 合格点4点

イラストを参考にしながら英文と応答を聞き，最も適切な応答を1，2，3の中から一つ選びなさい。

No.1 ◀)) TR 3

No.2 ◀)) TR 4

No.3 ◀)) TR 5

No.4 ◀)) TR 6

No.5 ◀)) TR 7

No.6 ◀)) TR 8

Point

イラストから，1. 場面や状況，2. 人物同士の関係，3. とくに強調されているものを確認しよう。

疑問文以外に命令，勧誘，意思や情報の伝達などがある。

解答と解説

No.1 📢 TR 3　　　　　　　　　　　正解 ③

📢 放送文

Is this your flute?

選択肢
1. It's on the table.
2. Yes, I do.
3. No, it's my brother's.

📢 放送文 訳

これはあなたのフルート？

選択肢訳
1. それはテーブルの上にあるよ。
2. うん，ぼくはするよ。
3. いいえ，それはぼくの兄のものだよ。

解説 テーブルの上にあるフルートの持ち主をたずねているので，my brother's (flute)「ぼくの兄のフルート」であると答えている **3** が正解。**2** の Yes, I do. は Do you ～ ? と問われた場合の答え方である。

No.2 📢 TR 4　　　　　　　　　　　正解 ②

📢 放送文

Mary, can you ski?

選択肢
1. In winter.
2. Yes, a little.
3. It's snowy today.

📢 放送文 訳

メアリー，きみはスキーできる？

選択肢訳
1. 冬に。
2. ええ，少し。
3. 今日は雪が降っているわ。

解説 Can you ～ ? は「～ができますか」という意味。「スキーができるか」とたずねているので，季節を答えている **1** や，今日の天気を答えている **3** は不適切。**2** は Yes, (I can ski) a little.「はい，少しスキーができます」という意味である。

Part 4 リスニング・会話の応答文選択

正解 ①

🔊 放送文

Mom, your new skirt is pretty.

選択肢

1. Oh, thank you.
2. At the shop.
3. It's red.

🔊 放送文 訳

お母さん，新しいスカートかわいいね。

選択肢訳

1. あら，ありがとう。
2. その店で。
3. それは赤いわね。

解説 母親がはいているスカートについてほめている場面なので，thank you「ありがとう」と応じている **1** が正解。

正解 ③

🔊 放送文

Let's have sandwiches for lunch.

選択肢

1. She is making sandwiches.
2. In the kitchen.
3. Good idea.

🔊 放送文 訳

昼食にサンドイッチを食べよう。

選択肢訳

1. 彼女はサンドイッチを作っているわ。
2. 台所で。
3. いいわね。

解説 〈Let's ＋ 動詞の原形～ .〉は「～しましょう」とだれかを誘ったり，だれかに提案する場合に用いる。「昼食にサンドイッチを食べよう」と提案しているので，その提案に対して Good idea.「いい考えですね［いいですね］」と同意している **3** が正解。

🔊 **放送文**

Do you want some coffee?

選択肢
1. You're welcome.
2. Yes, please.
3. In the cafeteria.

🔊 **放送文 訳**

コーヒーはいかが？

選択肢訳
1. どういたしまして。
2. うん，お願いするよ。
3. カフェテリアで。

正解 ②

解説 Do you want 〜？は「〜がはしいですか，〜をいかがですか」という意味。したがって，ほしい場合は Yes, please. と答え，ほしくない場合は No, thank you. と断る。

🔊 **放送文**

Julian, don't play the piano after 9 p.m.

選択肢
1. I'm sorry.
2. You can play the piano well.
3. Me, too, Mom.

🔊 **放送文 訳**

ジュリアン，午後9時以降にピアノを弾いてはいけません。

選択肢訳
1. ごめんなさい。
2. あなたは上手にピアノを弾けます。
3. 私もです，お母さん。

正解 ①

解説 〈Don't ＋ 動詞の原形〜 .〉は「〜してはいけない」という意味で，禁止の命令文。してはいけないことをしてしまい，注意を受けている場面なので，I'm sorry. 「ごめんなさい」と謝っている **1** が適切である。

テーマ 2 疑問詞を含む質問文への応答

| 学習日 | 目標時間 1問 10秒 | 得点 /6 合格点4点 |

イラストを参考にしながら英文と応答を聞き，最も適切な応答を 1，2，3
の中から一つ選びなさい。

No.1 🔊 TR 9

No.2 🔊 TR 10

No.3 🔊 TR 11

No.4 🔊 TR 12

No.5 🔊 TR 13

No.6 🔊 TR 14

Point

文頭の疑問詞を聞き取り，何をたずねているか把握しよう。

疑問詞に対応する選択肢を選ぶには，語い力をしっかりつけること。

解答と解説

No.1 🔊 TR 9

正解 ③

🔊 放送文

How many books do you have?

選択肢

1. For five years.
2. To the library.
3. About eighty.

🔊 放送文 訳

あなたは本を何冊持っているの？

選択肢訳

1. 5年間。
2. 図書館へ。
3. 80冊ほど。

解説 〈How many ＋ 複数名詞〜 ?〉は「…をいくつ〜ですか」と数をたずねる表現なので，数を答えている **3** が正解。**1** は数を含んでいるが，For five years.「5年間」と「期間」を答えているので不適切。

No.2 🔊 TR 10

正解 ①

🔊 放送文

Where is my guitar, Mr. Brown?

選択肢

1. It's over there.
2. It's yours.
3. Yes, I do.

🔊 放送文 訳

私のギターはどこですか，ブラウン先生？

選択肢訳

1. 向こうにありますよ。
2. それはあなたのものです。
3. はい，そうです。

解説 Where 〜 ? は「〜はどこですか」と場所をたずねる表現なので，It's over there.「向こうにあります」と場所を答えている **1** が正解。over there は「向こうに，あちらに」という意味。

Part 4 リスニング・会話の応答文選択

No.3　TR 11　正解 ③

🔊)) 放送文

What are you doing, Tom?

選択肢
1. No, I can't.
2. I see.
3. I'm doing my homework.

🔊)) 放送文 訳

あなたは何をやっているの，トム？

選択肢訳
1. ううん，できないよ。
2. わかった。
3. ぼくは宿題をしているよ。

解説 What are you doing? は「あなたは何をしていますか」という意味なので，今していることを答えている **3** が正解。〈is [am, are] ＋ 〜 ing〉は「（今）〜しているところだ」という意味を表す現在進行形。do *one's* homework「宿題をする」という熟語も押さえておこう。

No.4　TR 12　正解 ②

🔊)) 放送文

What sport do you like?

選択肢
1. He is a tennis player.
2. I love baseball.
3. With my friends.

🔊)) 放送文 訳

あなたはどんなスポーツが好きですか。

選択肢訳
1. 彼はテニスの選手です[彼はテニスをします]。
2. 私は野球が大好きです。
3. 友人といっしょに。

解説 〈What ＋ 名詞 ＋ do you like?〉は「あなたはどんな〜が好きですか」という意味。好きなスポーツをたずねているので，それを答えている **2** が正解。**1** はスポーツ名が含まれているが，He がだれを指すのか不明。

正解 ②

◀)) 放送文

Which ice cream do you want, chocolate or strawberry?

◀)) 放送文 訳

どちらのアイスクリームがほしい, チョコレート, それともストロベリー？

選択肢

1. I like chocolate cake.
2. Strawberry, please.
3. It's good.

選択肢訳

1. 私はチョコレートケーキが好きよ。
2. ストロベリーがいいわ。
3. それはおいしいわ。

解説 〈Which ＋ 名詞 ＋ do you want, A or B ?〉は「A または B, あなたはどちらの～がほしいですか」という意味。「どちらのアイスクリームがほしいか」答えているものを選ぶ。

正解 ①

◀)) 放送文

When do you study English, Betty?

◀)) 放送文 訳

いつ英語の勉強をするんだい, ベティ？

選択肢

1. After dinner.
2. On my desk.
3. It's ten dollars.

選択肢訳

1. 夕食のあとに。
2. 私の机の上に。
3. 10 ドルよ。

解説 When ～ ? は「いつ～ですか」と時をたずねる表現なので, 英語を勉強する時間について答えている **1** が正解。

テーマ3 WhatとHowを使った重要表現

学習日	目標時間 1問 **10**秒	得点 合格点4点 /6

イラストを参考にしながら英文と応答を聞き，最も適切な応答を1，2，3の中から一つ選びなさい。

No.1 🔊 TR 15

No.2 🔊 TR 16

No.3 🔊 TR 17

No.4 🔊 TR 18

No.5 🔊 TR 19

No.6 🔊 TR 20

Point

What は後ろの名詞，How は後ろの主語と動詞を確認！

What time ～，How many + 複数名詞など，決まった形を覚えよう！

解答と解説

正解 ③

🔊))) 放送文

How much is your new bike?

🔊))) 放送文 訳

あなたの新しい自転車はいくらですか。

選択肢

1. Six weeks.
2. At the bicycle shop.
3. About five hundred dollars.

選択肢訳

1. 6週間。
2. その自転車店で。
3. 約500ドル。

解説 How much ～ ? は「～はいくらですか」と値段をたずねる表現なので，金額を答えている **3** が正解。dollar「ドル」はアメリカなどで使われているお金の単位。**1** は数字を含んでいるが，Six weeks.「6週間」と「期間」を答えているので不適切。**2** は自転車に関係があるが，How much をしっかり意識すれば不適切であることがわかる。

正解 ②

🔊))) 放送文

How old is your grandfather, Rika?

🔊))) 放送文 訳

あなたのおじいさんは何歳ですか，リカ？

選択肢

1. It's twenty years old.
2. He is seventy.
3. He is great.

選択肢訳

1. それは20歳です。
2. 彼は70歳です。
3. 彼は元気です。

解説 How old ～ ? は「～は何歳ですか」と年齢をたずねる表現なので，He is seventy.「彼は70歳です」と「祖父の年齢」を答えている **2** が正解。**1** の～years old. は年齢や物の古さを表すが，主語が It なので不適切。**3** は主語は He で適切だが，great は年齢と無関係なので不適切。

Part 4 リスニング・会話の応答文選択

🔊)) 放送文

How is the weather, Yuko?

選択肢

1. No, it isn't.
2. It's raining.
3. I'm hungry.

🔊)) 放送文 訳

天気はどうだい，ユウコ？

選択肢訳

1. いいえ，そうではありません。
2. 雨が降っています。
3. 私はおなかがすいています。

解説 How is the weather? は「天気はどうですか」という意味。How は「物事の状態」や「手段・方法」をたずねるときに用いるが，この場合は「天気の状態」をたずねている。天気について答えているのは **2** の It's raining. のみ。**1** は主語は It で正しいが，Yes / No で答える疑問文ではないので不適切。疑問詞の How を聞き取るだけでなく，その意味と使い方を覚えておくこと，それから weather「天気」という意味を知っておくことが大切。

🔊)) 放送文

What kind of movies do you like?

選択肢

1. SF.
2. Wonderful!
3. History books.

🔊)) 放送文 訳

あなたはどんな種類の映画が好きですか。

選択肢訳

1. SF。
2. すばらしい！
3. 歴史の本。

解説 〈What kind of ＋ 名詞～ ?〉は種類をたずねる表現で，of の後ろに必ず名詞を置くことに注意。この名詞をしっかり聞き取らないと何について問われているのかがわからないので，注意しよう。ここでは映画の種類をたずねているので **1** の SF が正解。**3** は本の種類を答えているので不適切。

正解 ③

🔊 放送文

How do you go to the stadium?

選択肢
1. In the city.
2. Two hours.
3. By train.

🔊 放送文 訳

スタジアムにはどうやって行くの?

選択肢訳
1. その都市に。
2. 2時間。
3. 電車で。

解説 How do you go to ～ ? は「あなたはどうやって～に行きますか」という意味で「交通手段」をたずねる表現。交通手段を答えているのは 3 の By train. のみ。How do you make it?「あなたはそれをどうやって作りますか」, How do you use it?「あなたはそれをどのように使いますか」なども, 同様に「手段・方法」をたずねる How の表現。

正解 ①

🔊 放送文

What time can you come back?

選択肢
1. About six thirty.
2. Yes, I can.
3. Your father.

🔊 放送文 訳

何時に戻ってこられるの?

選択肢訳
1. 6時30分ごろ。
2. はい, できます。
3. あなたのお父さん。

解説 What time ～ ? は「何時に～ですか」と時刻をたずねる表現。時刻について答えているのは 1 の About six thirty.「6時30分ごろ」のみ。2 の Yes, I can. は Can you ～ ?とたずねられた場合の答え方。

Part 4 リスニング・会話の応答文選択

POINT

形　式	対話を聞き，その内容に関する質問の答えを4つの選択肢の中から選ぶ
問題数	5問
解答時間	1問につき10秒
傾　向	A，Bの2人による1往復の対話。それぞれが2文連続して発言することもある。放送文はそれぞれ二度ずつ読まれる
対　策	放送が始まる前に，問題用紙に印刷されている選択肢に目を通そう

テクニック❶ 選択肢にさっと目を通しておく!

　選択肢は問題用紙に印刷されています。放送が始まる前に，選択肢にさっと目を通しておきましょう。対話の状況や質問内容をある程度予想できるので，放送文の聞き取りが楽になります。

テクニック❷ What を用いた疑問文に対する答え方

　主語をしっかり聞き取るよう意識しましょう。「だれが」「何を」するのか，という点に注意することが肝心です。

〈例題〉

A : Do you like baseball, Yasuo?

B : No, I don't. I like tennis.

Question : What does Yasuo like?

1. Baseball.　　2. Tennis.　　3. Soccer.　　4. Basketball.

「野球」「テニス」といった内容が聞き取れますが，ヤスオは野球ではなく，テニスが好き。問題はヤスオが好きなものをたずねているので2.「テニス」が正解です。

テクニック❸ What以外の疑問詞を用いた疑問文に対する考え方

まずはテクニック❶で紹介しているように，選択肢を読みましょう。そこから疑問詞が想定できる場合もあります。

〈選択肢の例と考え方〉

1. $9.　　　2. $90.　　　3. $99.　　　4. $900.

これらはすべて「金額」を表す語句なので，質問文は "How + much" の形になると予想できます。そうすれば余裕を持って聞くことができるでしょう。

テクニック❹ 数字の聞き取りには発音練習が効果的!

「年齢」「時間」「値段」「数」「日付」など，日常生活に関する数字はよく出題されます。

数字のリスニング力を上げるには，日ごろから発音の練習をしましょう！　自分で発音できる言葉に比べると，**発音できない言葉は聞き取りが難しくなると言**われています。**とくに数字の発音は難しいものが多いので，**積極的に発音の練習をするよう心がけてください。

〈例題〉

A：My brother is five years old. How old is your sister, Jessica?

B：She is thirteen years old.

Question：How old is Jessica's sister?

1. Three years old.　　　2. Thirteen years old.

3. Thirty years old.　　　4. Thirty three years old.

正解：2

"thirteen"「13」と "thirty"「30」を聞き間違えないように注意しましょう。

テーマ ① What で始まる質問

学習日	目標時間 1問 **10**秒	得点 ／6 合格点4点

対話と質問を聞き，その答えとして最も適切なものを 1，2，3，4 の中から一つ選びなさい。

No.1
■) TR 22
1. Dogs.　　　**2**. Birds.
3. Rabbits.　　**4**. Cats.

No.2
■) TR 23
1. Rice.　　**2**. Bread.
3. Salad.　　**4**. Eggs.

No.3
■) TR 24
1. She goes camping.　　**2**. She goes shopping.
3. She goes fishing.　　**4**. She goes swimming.

No.4
■) TR 25
1. Listening to music.　　**2**. Reading a comic book.
3. Doing his homework.　　**4**. Washing his car.

No.5
■) TR 26
1. A dress.　　**2**. A camera.
3. A computer.　　**4**. A video game.

No.6
■) TR 27
1. The piano.　　**2**. The guitar.
3. The flute.　　**4**. The violin.

Point

質問されるのはほとんどが2人目の発言内容。最初から焦らず2人目に集中すること。

質問文中の動詞をきちんと聞き取ろう！

（解答 と 解説）

No.1 🔊 TR 22

正解 ④

🔊 **放送文**

A: Do you like dogs, Tina?
B: No, I don't. I like cats.

Question: What does Tina like?

🔊 **放送文 訳**

A: きみは犬が好きかい, ティナ？
B: いいえ, 好きではないわ。私は猫が好きよ。

質問: ティナは何が好きですか。

選択肢訳▶ **1.** 犬。　　　　　　**2.** 鳥。
3. ウサギ。　　　**4.** 猫。

解説 会話には2種類の動物(dogs と cats)が出てくるが, ティナは I like cats. と答えているので, **4** が正解。

No.2 🔊 TR 23

正解 ①

🔊 **放送文**

A: I eat bread and salad for breakfast. How about you, Ken?
B: I have rice and fish.
Question: What does Ken have for breakfast?

🔊 **放送文 訳**

A: 私は朝食にパンとサラダを食べるわ。あなたはどう, ケン？
B: ぼくはご飯と魚を食べるよ。

質問: ケンは朝食に何を食べますか。

選択肢訳▶ **1.** ご飯。　　　　　**2.** パン。
3. サラダ。　　　**4.** 卵。

解説 会話には4種類の食べ物(bread, salad, rice, fish)が出てくるが, ケンが朝食に食べるものは rice and fish なので, **1** が正解。

Part 4 リスニング・会話の内容一致選択

🔊 放送文

A: I go fishing with my brother on Sundays. What do you do, Amy?

B: I like swimming, so I often go to the pool.

Question: What does Amy do on Sundays?

🔊 放送文 訳

A: ぼくは毎週日曜日に弟と釣りに行くよ。きみは何をするの，エイミー？

B: 私は泳ぐのが好きだから，プールによく行くわ。

質問：エイミーは毎週日曜日に何をしますか。

選択肢訳
1. 彼女はキャンプに行く。
2. 彼女は買い物に行く。
3. 彼女は魚釣りに行く。
4. 彼女は泳ぎに行く。

解説 「毎週日曜日に何をするのか」と「習慣」がたずねられている。男の子の "go fishing" と女の子（Amy）の "like swimming" "go to the pool" をしっかり聞き分けることが大切。エイミー自身は "go swimming" とは言っていないが，日曜日に「プールに行く」と言っていることから泳ぐのは明らかなので，**4** が正解。

No.4 🔊 TR 25 正解 ③

🔊 放送文

A: Steve, are you reading a comic book?

B: No, Mom. I'm doing my homework.

Question: What is Steve doing?

🔊 放送文 訳

A: スティーブ，漫画本を読んでいるの？

B: ううん，お母さん。宿題をやってるんだよ。

質問：スティーブは何をしていますか。

選択肢訳
1. 音楽を聞いている。
2. 漫画本を読んでいる。
3. 宿題をしている。
4. 車を洗っている。

解説 スティーブは No と答えているので，「漫画本を読んでいる」のではないことがわかる。I'm doing my homework.「宿題をしている」と答えているので，**3** が正解。

正解 ①

 放送文

A: Do you want a camera or a dress for your birthday, Miki?

B: A dress, please.

Question: What does Miki want for her birthday?

 放送文 訳

A: きみは誕生日にカメラか洋服がほしいかい，ミキ？

B: 洋服がほしいわ。

質問：ミキは誕生日に何がほしいのですか。

選択肢訳
1. 洋服。　　　　　2. カメラ。
3. コンピューター。　4. テレビゲーム。

解説 誕生日プレゼントの候補として，カメラと洋服が会話に出てくるが，A dress, please. と言っているので，ミキがほしいものは洋服だとわかる。

正解 ②

 放送文

A: Can you play the piano, Daniel?

B: No, but I can play the guitar.

Question: What can Daniel play?

 放送文 訳

A: あなたはピアノを弾ける，ダニエル？

B: ううん，でも，ギターなら弾けるよ。

質問：ダニエルは何が弾けますか。

選択肢訳
1. ピアノ。　2. ギター。
3. フルート。　4. バイオリン。

解説 ダニエルは No と答えているので，ピアノを弾けないことがわかる。but 以下の内容をしっかり聞き取ろう。

Part 4 リスニング・会話の内容一致選択

テーマ 2 数字を聞き取る問題

学習日	目標時間 1問	得点
／	**10**秒	／6 合格点4点

対話と質問を聞き，その答えとして最も適切なものを 1，2，3，4 の中から一つ選びなさい。

No.1
🔊 TR 28

1. Two months old.   **2**. Three months old.
3. Two years old.   **4**. Three years old.

No.2
🔊 TR 29

1. At 7:00.   **2**. At 7:15.
3. At 7:50.   **4**. At 8:05.

No.3
🔊 TR 30

1. $1.00.   **2**. $1.12.
3. $1.20.   **4**. $1.42.

No.4
🔊 TR 31

1. Two.   **2**. Three.
3. Five.   **4**. Seven.

No.5
🔊 TR 32

1. November 23rd.   **2**. November 24th.
3. December 23rd.   **4**. December 25th.

No.6
🔊 TR 33

1. 14 minutes.   **2**. 40 minutes.
3. 50 minutes.   **4**. 60 minutes.

Point

年齢・時間・日付・値段などの数字が出てきたら要注意！

What time, When, How many, How much など文頭の疑問詞に注意しよう！

解答 と 解説

No.1 (( ))) TR 28

正解 **3**

(( )) 放送文

A: My dog is three months old. How old is yours, Lucy?

B: He's two years old.

Question: How old is Lucy's dog?

(( )) 放送文 訳

A：ぼくの犬は生後3か月だよ。きみの犬は何歳なの，ルーシー？

B：2歳よ。

質問：ルーシーの犬は何歳ですか。

選択肢訳 ▶
1. 生後2か月。　　2. 生後3か月。
3. 2歳。　　　　4. 3歳。

解説 ▶ How old 〜 ? は「〜は何歳ですか」と「年齢」をたずねる表現。会話には2つの数字(three months と two years)が出てくるが，ルーシーの犬の年齢が問われているので，**3**が正解。

No.2 (( ))) TR 29

正解 **2**

(( )) 放送文

A: What time does your father go to work, Emily?

B: My father goes to work at 7: 15.

Question: What time does Emily's father go to work?

(( )) 放送文 訳

A：きみのお父さんは何時に仕事に出かけるんだい，エミリー？

B：私の父は7時15分に仕事に出かけるわ。

質問：エミリーの父親は何時に仕事に出かけますか。

選択肢訳 ▶
1. 7時。　　　　2. 7時15分。
3. 7時50分。　　4. 8時5分。

解説 ▶ What time 〜 ? は「何時に〜ですか」と「時刻」をたずねる表現。15 (fifteen)と50 (fifty)を聞き間違えないようにしよう。

Part 4 リスニング・会話の内容一致選択

◀))) 放送文

A: Can I have this notebook, please?

B: That's one dollar and twenty cents.

Question: How much is the notebook?

◀))) 放送文 訳

A：このノートをいただけますか。

B：それは1ドル20セントです。

質問：そのノートはいくらですか。

選択肢訳

1. 1ドル。

2. 1ドル12セント。

3. 1ドル20セント。

4. 1ドル42セント。

解説 Can I have 〜 , please? は「〜をいただけますか，〜をお願いします」という意味。また，How much 〜 ? は「〜はいくらですか」と「値段」をたずねる表現である。12 (twelve) と 20 (twenty) の聞き間違いに注意。

◀))) 放送文

A: Do you have any brothers, Cathy?

B: Yes, I have two brothers and three sisters.

Question: How many sisters does Cathy have?

◀))) 放送文 訳

A：きみ は 兄弟がいるの，キャシー？

B：ええ，兄弟が2人，姉妹が3人いるわ。

質問：キャシーは何人姉妹がいますか。

選択肢訳

1. 2人。

2. 3人。

3. 5人。

4. 7人。

解説 〈How many ＋ 複数名詞〜 ?〉は「…をいくつ〜ですか」と「数」をたずねる表現である。会話には2つの数字(two brothers と three sisters)が出てくるが，姉妹の数が問われているので，2 が正解。

正解 ③

🔊)) **放送文**

A: Tomorrow is Christmas day. It's my birthday.

B: Oh, really? My birthday is December 23rd.

Question: When is the man's birthday?

🔊)) **放送文 訳**

A：明日はクリスマスね。私の誕生日よ。

B：えっ，本当？ ぼくの誕生日は12月23日だよ。

質問：男性の誕生日はいつですか。

選択肢訳
1. 11月23日。
2. 11月24日。
3. 12月23日。
4. 12月25日。

解説 Christmas day「クリスマスの日」という表現にまどわされないこと。問われているのは男性の誕生日なので，**3** が正解。

正解 ②

🔊)) **放送文**

A: This DVD is 60 minutes. How long is your DVD, Sam?

B: It's 40 minutes.

Question: How long is Sam's DVD?

🔊)) **放送文 訳**

A：この DVD は 60 分よ。あなたの DVD はどれくらいの長さなの，サム？

B：ぼくのは 40 分だよ。

質問：サムの DVD はどれくらいの長さですか。

選択肢訳
1. 14分。
2. 40分。
3. 50分。
4. 60分。

解説 How long 〜 ? は「〜はどれくらいの長さですか」と「期間」や「長さ」をたずねる表現。会話には 2 つの数字（60 と 40）が出てくるが，サムの DVD の長さが問われているので，**2** が正解。また，40 (forty) と 14 (fourteen) を聞き間違えないようにしよう。

テーマ **3** さまざまな疑問詞の質問

| 学習日 | 目標時間 1問 **10**秒 | 得点 合格点4点 /6 |

対話と質問を聞き，その答えとして最も適切なものを 1，2，3，4 の中から一つ選びなさい。

No.1
◀) TR 34

1. By train.　　　　　**2**. By bus.
3. By car.　　　　　　**4**. By bike.

No.2
◀) TR 35

1. On Julie's desk.　　**2**. On Julie's bed.
3. On Gary's desk.　　**4**. On Gary's bed.

No.3
◀) TR 36

1. Jennifer.　　　　　**2**. The boy.
3. The boy's sister.　　**4**. Jennifer's sister.

No.4
◀) TR 37

1. Sam's.　　　　　　**2**. Tomoko's.
3. Ann's.　　　　　　**4**. Ann's sister's.

No.5
◀) TR 38

1. On Mondays.　　　**2**. On Tuesdays.
3. On Wednesdays.　　**4**. On Thursdays.

No.6
◀) TR 39

1. The pink one　　　　**2**. The blue one.
3. The red one.　　　　**4**. The white one.

Point

まずは文頭の疑問詞をしっかり聞き取れるように集中！

質問の答えは2人目の発言中にある。1回目の放送で聞き取れなければ，2回目はここに集中しよう！

解答と解説

No.1 TR 34

正解 **2**

 放送文

A: Do you go to school by train, Linda?
B: No, I take the bus.
Question: How does Linda go to school?

 放送文 訳

A: きみは電車で学校に行くの，リンダ？
B: いいえ，バスに乗って行くわ。
質問: リンダはどうやって学校へ行きますか。

選択肢訳 ▶
1. 電車で。
2. バスで。
3. 車で。
4. 自転車で。

解説 ▶ ⟨by + 交通手段を表す名詞⟩で「～で，～を使って」という意味を表す。リンダは No と言っているので，電車で学校に行かないことがわかる。⟨take + 乗り物⟩で「～に乗って行く」という意味。

No.2 TR 35

正解 **3**

 放送文

A: Gary, can I use your English dictionary?
B: Sure, Julie. It's on my desk.
Question: Where is the dictionary?

 放送文 訳

A: ゲイリー，あなたの英語の辞書を使ってもいいかしら？
B: もちろんいいよ，ジュリー。ぼくの机の上にあるよ。
質問: 辞書はどこにありますか。

選択肢訳 ▶
1. ジュリーの机の上。
2. ジュリーのベッドの上。
3. ゲイリーの机の上。
4. ゲイリーのベッドの上。

解説 ▶ Can I use ～ ? は「～を使ってもいいですか」と相手に許可を求める表現。ゲイリーは，It's (= My English dictionary is) on my desk.「それ（ぼくの英語の辞書）はぼくの机の上にある」と答えているので，**3** が正解。

Part 4 リスニング・会話の内容一致選択

正解 ④

🔊 放送文

A: My sister lives in New York. How about your sister, Jennifer?

B: She lives in Australia.

Question: Who lives in Australia?

🔊 放送文 訳

A: ぼくの姉はニューヨークに住んでいるよ。きみのお姉さんはどう, ジェニファー？

B: 彼女はオーストラリアに住んでいるわ。

質問: だれがオーストラリアに住んでいますか。

選択肢訳

1. ジェニファー。
2. 男の子。
3. 男の子の姉。
4. ジェニファーの姉。

解説 ジェニファーは She（= My sister）lives in Australia.「彼女（私の姉）はオーストラリアに住んでいる」と答えているので, **4** が正解。

正解 ②

🔊 放送文

A: Sam, is this your textbook?

B: No, it isn't, Ann. It's Tomoko's.

Question: Whose textbook is this?

🔊 放送文 訳

A: サム, これはあなたの教科書かしら？

B: 違うよ, アン。それはトモコのだよ。

質問: これはだれの教科書ですか。

選択肢訳

1. サムの。
2. トモコの。
3. アンの。
4. アンの姉の。

解説 〈Whose ＋名詞～ ?〉は「だれの…ですか」という意味。Sam, Ann, Tomoko の 3 人の名前が出てくるのでまぎらわしいが, It's Tomoko's (textbook). という 2 人目の発言に注意すれば, すぐに正解は **2** だとわかる。

🔊 放送文

A: Is your guitar lesson on Wednesdays, Betty?

B: No.　My lesson is on Thursdays.

Question: When is Betty's guitar lesson?

🔊 放送文 訳

A: きみのギターのレッスンは毎週水曜日なの，ベティ？

B: いいえ。私のレッスンは毎週木曜日よ。

質問：ベティのギターのレッスンはいつですか。

選択肢訳
1. 毎週月曜日に。　　2. 毎週火曜日に。
3. 毎週水曜日に。　　4. 毎週木曜日に。

解説 ベティは No と答えているので，ギターのレッスンは on Wednesdays「毎週水曜日に」は行われていないことがわかる。ベティは on Thursdays「毎週木曜日に」と答えているので，**4** が正解。

🔊 放送文

A: Which cap is yours, the red one or the blue one, Kevin?

B: The red one is mine.

Question: Which cap is Kevin's?

🔊 放送文 訳

A: 赤いのと青いの，どちらの帽子があなたのものかしら，ケビン？

B: 赤い帽子がぼくのだよ。

質問：どちらの帽子がケビンのものですか。

選択肢訳
1. ピンク色のもの。　　2. 青色のもの。
3. 赤色のもの。　　4. 白色のもの。

解説 〈Which + 名詞〜，A or B?〉は「A または B，どちらの…が〜ですか」という意味。ケビンは，The red one (= cap) is mine.「赤い帽子がぼくのものだ」と答えているので，**3** が正解。

リスニング
第3部 絵と文の内容一致選択

POINT

形　式	3つの英文を聞き，その中から絵の内容を最もよく表しているものを1つ選ぶ
問題数	10問
解答時間	1問につき10秒
傾　向	3つの英文が読まれる。放送文はそれぞれ二度ずつ読まれる
対　策	職業，曜日や月，天気が問題になることが多い。それらを表す単語は正確に覚えておこう！

テクニック① イラストから状況をつかむ!

　イラストからテーマや状況，情報をつかみましょう。
　第3部のイラストは第1部よりシンプルで，ぱっと見て内容がわかりにくいものはないと言っていいでしょう。またイラスト中に数値が現れることが比較的多いのが特徴です。「時刻」「日付」「月」「値段」などがイラストに描かれていれば，設問に当然からんできます。

テクニック② 「人の職業・動作・習慣・居場所」などに注意しよう!

〈例題1〉
1. Tom's father is a doctor.
2. Tom's father is a police officer.
3. Tom's father is a bus driver.

人の職業をたずねる問題。イラストの中の男性が、白衣を着ていたら「医者」、警官の制服を着ていたら「警官」、バスを運転していたら「バスの運転手」です。「doctor」「police officer」「bus driver」が聞き取れて、意味もわかれば簡単な問題です。

〈例題2〉

1. **He goes to school by bicycle.**

2. **He goes to school by taxi.**

3. **He goes to school by bus.**

「人物の習慣」の中でも「交通手段」をたずねる問題。自転車に乗っている男の子が学校に入るようなイラストがあれば、正解は **1** となります。

テクニック❸ 「ものの位置や場所・曜日や月・天気」などに注意しよう！

よく出る問題として、「ものの位置」を問うものを見てみましょう。

〈例題〉

1. **The bottle is on the chair.**

2. **The bottle is on the desk.**

3. **The bottle is on the TV.**

この選択肢の場合、びんがどこにあるかをイラストから探します。イラストには「いす」「机」「テレビ」のすべてが登場しているかもしれませんが、「びんが乗っているのは何か」に注目します。

テクニック❹ 数字を聞き取る練習をしよう！

P.81「リスニング・会話の内容一致選択」テクニック❹ と同様に数字に関する問題は、「年齢」「時間」「値段」「数」「日付」などさまざまなパターンが問われます。数値は fourteen と forty など日本人が聞き間違いやすいものも多いので、発音練習を十分に行ってください。

テーマ 1　頻出パターン問題

学習日	目標時間 1問 10秒	得点 合格点4点 /6

3つの英文を聞き，その中から絵の内容を最もよく表しているものを一つ選びなさい。

No.1　🔊 TR 41

No.2　🔊 TR 42

No.3　🔊 TR 43

No.4　🔊 TR 44

No.5　🔊 TR 45

No.6　🔊 TR 46

Point

放送されるのは出だしが同じ3つの英文。

違うのは文の後半だけ。イラストを見ながら各文の後半に集中しよう！

解答と解説

No.1 🔊 TR 41

正解 ①

🔊 放送文

1. Mary's mother is an English teacher.
2. Mary's mother is a police officer.
3. Mary's mother is a bus driver.

🔊 放送文 訳

1. メアリーの母親は英語の教師です。
2. メアリーの母親は警察官です。
3. メアリーの母親はバスの運転手です。

解説 「職業」を聞き取る問題。女性の前に生徒がいることや，黒板に英文が書かれていることから，絵の中の女性は英語の教師だとわかる。その他の職業を表す名詞として，cook「コック（料理人）」，waiter「ウエーター」，doctor「医者」，singer「歌手」，pianist「ピアニスト」，musician「音楽家」，pilot「パイロット」などが過去に出題されている。

No.2 🔊 TR 42

正解 ③

🔊 放送文

1. Today is Tuesday.
2. Today is Wednesday.
3. Today is Thursday.

🔊 放送文 訳

1. 今日は火曜日です。
2. 今日は水曜日です。
3. 今日は木曜日です。

解説 「曜日」を聞き取る問題。日めくりカレンダーの問題は頻出である。「曜日」以外に，「日付」を答える場合もあるので注意が必要。「日付」を聞き取る問題については，P.104のNo.1を参照。

Part4 リスニング・絵と文の内容一致選択

　　　　　　　　　　　　　　　　　　正解 ②

🔊)) 放送文

1. Toshiko's birthday is in July.
2. Toshiko's birthday is in June.
3. Toshiko's birthday is in August.

🔊)) 放送文 訳

1. トシコの誕生日は7月です。
2. トシコの誕生日は6月です。
3. トシコの誕生日は8月です。

解説▶「月」の名前を聞き取る問題。壁にかけてあるカレンダーに「6月」と表示されているので，**2**が正解。絵の中にカレンダーがある場合は，「月」の名前を聞き取る問題である可能性が高いので注意しよう。月の名前は別冊P.40で覚えておこう。

　　　　　　　　　　　　　　　　　　正解 ③

🔊)) 放送文

1. It's sunny today.
2. It's snowy today.
3. It's windy today.

🔊)) 放送文 訳

1. 今日は晴れています。
2. 今日は雪が降っています。
3. 今日は風が強いです。

解説▶「天気」を聞き取る問題。絵の中の男性が帽子を押さえながら歩いている様子から，風が強いことがわかる。「天気」や「気温」を表す次の表現も頻出なので，押さえておこう。warm「暖かい」，cool「涼しい」，cloudy「曇っている」，rainy「雨が降っている」，hot「暑い」，cold「寒い」。

🔊 放送文

1. They are making sandwiches.
2. They are having lunch.
3. They are drinking water.

🔊 放送文 訳

1. 彼らはサンドイッチを作っています。
2. 彼らは昼食を食べています。
3. 彼らは水を飲んでいます。

解説 「人の動作」を聞き取る問題。絵の中の人物はサンドイッチを「作って」いるのではなく「食べて」いるため，**1**は不正解。空の高い位置に太陽があることから，昼間であることがわかる。したがって，**2**が正解。

🔊 放送文

1. Peter has a new umbrella.
2. Peter has a new telephone.
3. Peter has a new bag.

🔊 放送文 訳

1. ピーターは新しい傘を持っています。
2. ピーターは新しい電話を持っています。
3. ピーターは新しいかばんを持っています。

解説 「人物が持っている物」を聞き取る問題。絵の中の男の子は傘を持っているので，**1**が正解。このパターンの問題は，have a new ～「新しい～を持っている」，または，have an old ～「古い～を持っている」という形で出題されることが多い。

Part 4 リスニング・絵と文の内容一致選択

テーマ **2** 位置・場所・習慣についての問題

| 学習日 | 目標時間 1問 **10**秒 | 得点 ／6 合格点 4点 |

3つの英文を聞き，その中から絵の内容を最もよく表しているものを一つ選びなさい。

No.1 🔊 TR 47

No.2 🔊 TR 48

No.3 🔊 TR 49

No.4 🔊 TR 50

No.5 🔊 TR 51

No.6 🔊 TR 52

解答 と 解説

No.1 🔊 TR 47

正解 ③

🔊 放送文

1. Linda's desk is by the bed.
2. Linda's desk is by the sofa.
3. Linda's desk is by the window.

🔊 放送文 訳

1. リンダの机はベッドのそばにあります。
2. リンダの机はソファのそばにあります。
3. リンダの机は窓のそばにあります。

解説 「物の位置」を聞き取る問題。前置詞 by には「～のそばに，～のすぐ近くに」という意味があり，near「～の近くに」よりも距離が近いことを表す。絵の中の女の子の机は窓際にあるため，3 が正解。

No.2 🔊 TR 48

正解 ②

🔊 放送文

1. This is a zoo.
2. This is a library.
3. This is a cafeteria.

🔊 放送文 訳

1. これは動物園です。
2. これは図書館です。
3. これはカフェテリアです。

解説 「場所」を聞き取る問題。絵の中の「人物の動作」や「目立つ物」に注意して場所を特定しよう。今回は，絵の中の人物はカウンターで本を借りている，もしくは返却しているように見える。また，絵の中に本棚があることからも，図書館だとわかる。

🔊 放送文

1. Suzan is in the schoolyard.
2. Suzan is in the music room.
3. Suzan is in the teacher's room.

🔊 放送文 訳

1. スーザンは校庭にいます。
2. スーザンは音楽室にいます。
3. スーザンは職員室にいます。

解説 「人物がいる場所」を聞き取る問題。絵の中の人物は校舎の外にいるので，**2**や**3**でないことがわかる。学校に関係する場所については，library「図書室，図書館」，pool「プール」，gym「体育館」なども押さえておこう。

🔊 放送文

1. Billy's family likes jogging.
2. Billy's family likes playing tennis.
3. Billy's family likes skating.

🔊 放送文 訳

1. ビリーの家族はジョギングが好きです。
2. ビリーの家族はテニスをするのが好きです。
3. ビリーの家族はスケートをするのが好きです。

解説 「人物が好きなこと」を聞き取る問題。絵の中の人物はテニスをしているので，**2**が正解。like 〜 ing は「〜するのが好き」という意味の頻出表現。

🔊)) 放送文

1. Mr. Smith walks to school.
2. Mr. Smith goes to school by bus.
3. Mr. Smith goes to school by bike.

🔊)) 放送文 訳

1. スミス先生は歩いて学校に行きます。
2. スミス先生はバスで学校に行きます。
3. スミス先生は自転車で学校に行きます。

解説 「人物の習慣（いつもしていること）」を聞き取る問題。絵の中の人物は自転車に乗って学校に向かっているので，**3**が正解だとわかる。本問のように，現在形の文は「いつもしている習慣的な行為」を表す点も押さえておこう。

🔊)) 放送文

1. Mr. and Mrs. Brown go shopping on weekends.
2. Mr. and Mrs. Brown go camping on weekends.
3. Mr. and Mrs. Brown go swimming on weekends.

🔊)) 放送文 訳

1. ブラウン夫妻は毎週末に買い物に行きます。
2. ブラウン夫妻は毎週末にキャンプに行きます。
3. ブラウン夫妻は毎週末に泳ぎに行きます。

解説 「人物の習慣（いつもしていること）」を聞き取る問題。絵の中の人物はテントを組み立てているので，**2**が正解。〈go ＋スポーツや娯楽を表す動詞の -ing 形〉で「～しに行く」という意味を表す。go skiing [fishing, hiking, running] なども覚えておこう。また，on weekends（＝ every weekend）は「毎週末に」という意味。

Part 4 リスニング・絵と文の内容一致選択

学習日	目標時間 1問	得点
/	10秒	/6 合格点4点

3つの英文を聞き，その中から絵の内容を最もよく表しているものを一つ選びなさい。

No.1 ◉)) TR 53

No.2 ◉)) TR 54

No.3 ◉)) TR 55

No.4 ◉)) TR 56

No.5 ◉)) TR 57

No.6 ◉)) TR 58

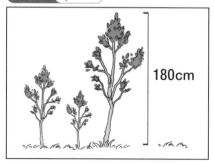

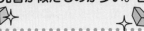

Point

日付・値段・重さ・高さ・時刻など，「イラスト上の具体的な数字」はとくに注意！

数字は発音が似たものが多い。自分で発音して覚えよう！

解答と解説

No.1 🔊 TR 53

正解 ①

🔊 放送文

1. Today is June 8th.
2. Today is June 18th.
3. Today is June 28th.

🔊 放送文 訳

1. 今日は 6 月 8 日です。
2. 今日は 6 月 18 日です。
3. 今日は 6 月 28 日です。

解説 「日付」を聞き取る問題。日めくりカレンダーの問題は，「曜日」または「日付」を聞き取る問題として頻出なので，「月」と「曜日」の名前，日にちの読み方（1st，2nd，3rd，4 以降は〈数字 + th〉）は必ず覚えておこう。

No.2 🔊 TR 54

正解 ③

🔊 放送文

1. The dress is a hundred and seven dollars.
2. The dress is a hundred and seventeen dollars.
3. The dress is a hundred and seventy-five dollars.

🔊 放送文 訳

1. その洋服は 107 ドルです。
2. その洋服は 117 ドルです。
3. その洋服は 175 ドルです。

解説 「物の値段」を聞き取る問題。7 (seven) と 17 (seventeen) と 70 (seventy) をしっかり聞き分けよう。

正解 ②

🔊 放送文

1. Katy's bag is three kilograms.
2. Katy's bag is thirteen kilograms.
3. Katy's bag is thirty kilograms.

🔊 放送文 訳

1. ケイティのかばんは3キログラムです。
2. ケイティのかばんは13キログラムです。
3. ケイティのかばんは30キログラムです。

解説 「物の重さ」を聞き取る問題。13 (thirteen) と 30 (thirty) のように読み方が似ている数字は頻繁に出題されるので，ふだんから音の違いを意識して発音することが重要。

正解 ②

🔊 放送文

1. The tree is one hundred and eighteen centimeters high.
2. The tree is one hundred and eighty centimeters high.
3. The tree is one hundred and eighty-four centimeters high.

🔊 放送文 訳

1. その木の高さは118センチメートルです。
2. その木の高さは180センチメートルです。
3. その木の高さは184センチメートルです。

解説 「高さ」を聞き取る問題。18 (eighteen) と 80 (eighty) は音が似ているので，聞き間違えないように注意。

◀))) 放送文	◀))) 放送文 訳
1. It's 12:15.	**1.** 12時15分です。
2. It's 12:50.	**2.** 12時50分です。
3. It's 12:55.	**3.** 12時55分です。

解説 「時刻」を聞き取る問題。15 (fifteen)と50 (fifty)は音が似ているので，聞き間違えないように注意すること。「時刻」を聞き取る問題は，かなりの頻度で出題されるので，時計の読み方をしっかり押さえておこう。

◀))) 放送文	◀))) 放送文 訳
1. Mr. Martin goes fishing at 7:12 every Sunday.	**1.** マーティンさんは毎週日曜日の7時12分に釣りに出かけます。
2. Mr. Martin goes fishing at 7:20 every Sunday.	**2.** マーティンさんは毎週日曜日の7時20分に釣りに出かけます。
3. Mr. Martin goes fishing at 7:22 every Sunday.	**3.** マーティンさんは毎週日曜日の7時22分に釣りに出かけます。

解説 「時刻」を聞き取る問題。12 (twelve)と20 (twenty)を聞き間違えないように注意すること。絵の中に時計がある場合は，表示されている「時刻」を事前に英語に直してから放送を聞くようにしよう。

Part 4 リスニング・絵と文の内容一致選択

試験本番で実力を発揮するために

「緊張してシュートをはずした」「テストで緊張して頭がボーっとしてしまった」など、「緊張のしすぎ」によって実力を発揮できなかった、という経験はありませんか。ここでは、こうした「緊張のしすぎ」を「適度な緊張」に変え、しっかり実力を発揮する方法をお伝えします。

緊張する理由　〜なぜ緊張しすぎるのか〜

「不慣れなもの」に対したり、「慣れない環境」に置かれたりするとき、だれもが「不安」や「恐れ」などのストレスを感じ、頭がうまく働かなかったり、緊張しすぎたりしてふだんできることができなくなるものです。

ある脳科学者によれば、人間は「慣れない状況」にあるとき、ストレスを感じて過度に緊張するだけでなく、思考力や判断力など脳の機能自体も低下するそうです。

過度の緊張を避ける方法　〜過度の緊張から適度な緊張へ〜

緊張による失敗を避けるには、とにかく「慣れる」ことが肝心です。まずは「問題」に、次に「試験」に慣れること。「英検」でも同じです。本書を有効活用し、「英検」に慣れてください。

まずは問題を解き、解説や解説で指示している別冊の該当箇所などをしっかり読んでください。そして、同じ問題を何回も解き直してみましょう。

次に「試験に慣れる」ために、このあとの「模擬試験」を指定された時間通りに「本番と同じ条件」で解き、しっかり復習してください。

さらに余裕があれば、「英検」の公式サイトから過去問をダウンロードして、同じように解いて復習してみましょう。試験の受け方に慣れ、適度な緊張感で本番に臨めるようになります。

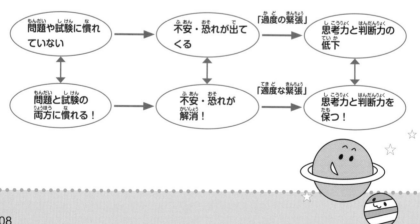

第2章

模擬試験

※問題形式などは変わる場合があります。

学習日	解答時間	正解数
／	25分	問 25問中

1 次の (1) から (15) までの(　　)に入れるのに最も適切なものを 1，2，3，4 の中から一つ選びなさい。

（1）　A : Carol, what are you doing?
　　　B : I'm studying (　　　) an English test.
　　　1 from　　　　　　　**2** to
　　　3 for　　　　　　　**4** with

（2）　(　　　) is the seventh month of the year.
　　　1 June　　　　　　　**2** July
　　　3 August　　　　　　**4** September

（3）　A : Do you (　　　) to school, Tom?
　　　B : No. I usually take the train.
　　　1 listen　　　　　　**2** speak
　　　3 write　　　　　　　**4** walk

(4) David likes sports, so he is in the ( ) club at school.

    1 guitar   **2** baseball

    3 art   **4** science

(5) **A :** Which do you want for lunch, sandwiches ( ) spaghetti?

    B : Spaghetti, please.

    1 and   **2** but

    3 or   **4** too

(6) **A :** ( ) is the weather in London?

    B : It's snowing.

    1 How   **2** When

    3 Where   **4** Whose

(7) **A :** How many cars are there in this parking, Ken?

    B : About five ( ).

    1 time   **2** meters

    3 weeks   **4** hundred

(8) Jennifer's family is (   ) their vacation in Hokkaido.
    1 learning   **2** enjoying
    3 living   **4** asking

(9) **A :** Emily, don't (   ) coffee before bedtime.
    B : OK, Dad.
    1 drink   **2** drinks
    3 to drink   **4** drinking

(10) Mike has a dog and two cats. They (   ) really cute.
    1 be   **2** am
    3 is   **4** are

(11) **A :** Is this Mr. and Mrs. Scott's house?
    B : Yes, it's (   ).
    1 them   **2** their
    3 theirs   **4** they

(12) Mr. Wilson goes cycling (   ) weekends.

1 of   **2** on
3 to   **4** with

(13) A : Does your mother (   ) cooking, Cathy?
B : Yes. She's always in the kitchen.

1 use   **2** need
3 clean   **4** like

(14) A : Mary, does it snow in Chicago?
B : Yes, a (   ).

1 much   **2** many
3 better   **4** lot

(15) Paul is a (   ). He works at a Japanese restaurant.

1 pilot   **2** nurse
3 waiter   **4** teacher

2 次の (16) から (20) までの会話について，（　　）に入れるのに最も適切なものを 1, 2, 3, 4 の中から一つ選びなさい。

(16) **Boy**：What are you looking at, Grandpa?
　　　Grandfather：(　　　)
　　　1 A new song.
　　　2 In the garden.
　　　3 Some old pictures.
　　　4 After dinner.

(17) **Boy**：Who is playing the trumpet?
　　　Girl：(　　　)
　　　1 In the school band.
　　　2 Very well.
　　　3 For twenty minutes.
　　　4 Jenny is.

(18) **Woman :** I like the pencil case. (　　)
Man : It's seven dollars and ninety-five cents.
1 How long is it?
2 Whose is it?
3 Where can I get it?
4 How much is it?

(19) **Mother :** Today is John's birthday.　Let's make a chocolate cake, Kate.
Girl : (　　)
1 Yes, I do.
2 Good idea.
3 It's 3 p.m.
4 Here you are.

(20) **Girl :** You are often late for school.　What time do you usually get up?
Boy : (　　)
1 Around seven thirty.
2 No, I can't.
3 I'm sorry.
4 On my bed.

3 次の (21) から (25) までの日本文の意味を表すように①から④までを並べかえて □ の中に入れなさい。そして，1番目と 3 番目にくるものの最も適切な組み合わせを 1, 2, 3, 4 の中から一つ選びなさい。※ただし，（　　）の中では，文のはじめにくる語も小文字になっています。

・・・

(21) 1 羽の鳥がフレッドの肩にのっています。
（① shoulder　　② on　　③ Fred's　　④ is）

	1番目		3番目	
A bird				.

1 ④－①　　**2** ①－④　　**3** ④－③　　**4** ③－②

(22) ベス，ここに来て私の手伝いをしてくれませんか。
（① you　　② can　　③ here　　④ come）

	1番目		3番目	
Beth,				and help me?

1 ①－④　　**2** ③－①　　**3** ④－①　　**4** ②－④

(23) あなたのお気に入りのテレビ番組はいつ放送されるのですか。

(① is   ② favorite   ③ when   ④ your)

1番目		3番目	
				TV show?

1 ①−②   **2** ③−④   **3** ②−③   **4** ④−①

(24) ケイトは洗面所で髪の毛をとかしています。

(① in   ② hair   ③ her   ④ brushing)

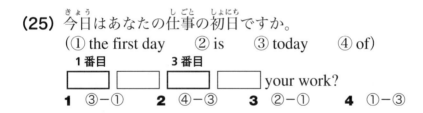

Kate is
1番目		3番目	
				the bathroom.

1 ④−②   **2** ③−④   **3** ④−③   **4** ②−①

(25) 今日はあなたの仕事の初日ですか。

(① the first day   ② is   ③ today   ④ of)

1番目		3番目	
				your work?

1 ③−①   **2** ④−③   **3** ②−①   **4** ①−③

117

※問題形式などは変わる場合があります。

学習日	解答時間	正解数
／	**20**分	問 25問中

①このテストには，第1部から第3部まであります。
　★英文は二度放送されます。
　第1部：イラストを参考にしながら英文と応答を聞き，最も適切な応答を1，2，
　　　　3の中から一つ選びなさい。
　第2部：対話と質問を聞き，その答えとして最も適切なものを1，2，3，4の中か
　　　　ら一つ選びなさい。
　第3部：3つの英文を聞き，その中から絵の内容を最もよく表しているものを一つ
　　　　選びなさい。
②No. 25のあと，10秒すると試験終了の合図がありますので，筆記用具を置いて
　ください。

第❶部 TR 59 〜 69

No.1 TR 60

No.2 TR 61

No.3 TR 62

No.4 TR 63

No.5 TR 64

No.6  TR 65

No.7 🔊 TR 66

No.8 🔊 TR 67

No.9 🔊 TR 68

No.10 🔊 TR 69

1 Black.
2 White.
3 Pink.
4 Red.

1 Sixty-seven.
2 Seventy-seven.
3 Eighty-seven.
4 Ninety-seven.

1 Taking some pictures.
2 Writing a letter.
3 Working in the garden.
4 Painting a picture.

1 At home.
2 At the bus stop.
3 In the bus.
4 Near the park.

1 They go skating.
2 They enjoy skiing.
3 They play basketball.
4 They watch soccer games.

No.16 ◀)) TR 77

No.17 ◀)) TR 78

No.18 ◀)) TR 79

No.19 ◀)) TR 80

No.20 ◀)) TR 81

No.21 ◀)) TR 82

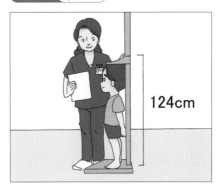

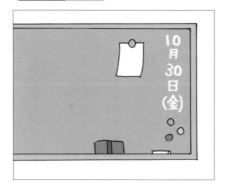

筆 記

1

問題	(1)	(2)	(3)	(4)	(5)	(6)	(7)	(8)
解答	3	2	4	2	3	1	4	2

問題	(9)	(10)	(11)	(12)	(13)	(14)	(15)	小計
解答	1	4	3	2	4	4	3	／15

2

問題	(16)	(17)	(18)	(19)	(20)	小計
解答	3	4	4	2	1	／5

3

問題	(21)	(22)	(23)	(24)	(25)	小計
解答	3	4	2	1	3	／5

リスニング

第1部

問題	1	2	3	4	5	6	7	8	9	10	小計
解答	3	2	2	1	3	2	1	1	3	3	／10

第2部

問題	11	12	13	14	15	小計
解答	4	3	4	2	2	／5

第3部

問題	16	17	18	19	20	21	22	23	24	25	小計
解答	2	3	2	3	1	2	3	1	2	2	／10

合計
／50

1 (問題編 P.110 ～ 113)

（1） 正解 ③

訳 A：キャロル，何をしているんだい？

B：私は英語の試験のために[にそなえて]勉強をしているのよ。

解説 前置詞の問題。studying「勉強している」と an English test「英語の試験」をつなげるのにふさわしい前置詞を選ぶ。study for ～で「～のために[にそなえて]勉強する」という意味を表す。

1. from「～から」　2. to「（方向・目的地）～へ，（程度・限度）～まで」

3. for「～のために，～にそなえて」　4. with「～といっしょに，～を使って」。

（2） 正解 ②

訳 7月は1年のうちで7番目の月である。

解説 名詞の問題。the seventh month of the year「1年のうちで7番目の月」とあるので，July「7月」が正解。「月」の名前を問う問題は頻出なので，1月から12月まですべて答えられるように準備しておこう。

1. June「6月」　2. July「7月」　3. August「8月」　4. September「9月」。

（3） 正解 ④

訳 A：あなたは歩いて学校へ行くの，トム？

B：ううん。ぼくはたいてい電車に乗って行くよ。

解説 動詞の問題。前置詞 to を伴い，文脈に合う動詞を選ぶ。B が take the train「電車に乗って行く」から，学校までの交通手段が話題になっていることがわかる。walk to ～で「歩いて～まで行く」という意味。

1. listen to ～「～を聞く」　2. speak to ～「～と話す，～に話しかける」

3. write to ～「～に手紙を書く」　4. walk to ～「歩いて～まで行く」。

（4） 正解 ②

訳 デイビッドはスポーツが好きなので，学校では野球部に入っている。

解説 名詞の問題。likes sports「スポーツが好き」とあるので，運動部に入っていると考えるのが自然である。

1. guitar「ギター」　2. baseball「野球」　3. art「芸術」　4. science「科学」。

(5) 正解 ③

訳 A：サンドイッチまたはスパゲティ，どちらを昼食に食べたい？

B：スパゲティをお願い。

解説 接続詞の問題。Which 〜 , A or B? で「A または B, どちらを〜ですか」という意味を表す。

1. and「〜と…，そして」　2. but「しかし」　3. or「または，さもないと」
4. too「〜もまた」。

(6) 正解 ①

訳 A：ロンドンの天気はどうですか。

B：雪が降っているわ。

解説 疑問詞の問題。It's snowing.「雪が降っている」という B の返答から，天気が問われていることがわかる。How is the weather? は「天気はどのようですか」という意味の定型表現。

1. how「どのように，どのくらい」　2. when「いつ」　3. where「どこに[へ]」
4. whose「だれの，だれのもの」。

(7) 正解 ④

訳 A：この駐車場にはどのくらいの車があるの，ケン？

B：500台くらいだよ。

解説 〈How many + 複数名詞〜？〉で数をたずねる問題。この問題のように〈There is[are] 〜 + 場所を表す言葉(…).〉「…に〜がある」とあわせて用いることが多い点に注意。具体的に「数」を答えているのは「百」の単位を表す正解の 4 hundred のみ。

1. time「時，時間，〜回」　2. meters「メートル」　3. weeks「週」
4. hundred「100」。

(8) 正解 ②

訳 ジェニファーの家族は北海道で休暇を楽しんでいる。

解説 動詞の問題。〈is [am, are] +〜 ing〉は現在進行形で「今，〜しているところだ」という意味を表す。enjoy *one's* vacation で「休暇を楽しむ」。

1. learning「習って，学んで」 2. enjoying「楽しんで」 3. living「暮らして」
4. asking「たずねて」。

（9） 正解 ① ···

🈁 A：エミリー，寝る前にコーヒーを飲んではいけないよ。

　　B：わかったわ，お父さん。

解説 動詞の適切な形を選ぶ問題。〈Don't ＋ 動詞の原形〜 .〉で「〜してはい
けない」という禁止を表す。
1. drink：原形　2. drinks：3 人称単数現在形　3. to drink：to 不定詞
4. drinking：-ing 形。

（10） 正解 ④ ···

🈁 マイクは犬 1 匹と猫 2 匹を飼っている。彼らは本当にかわいいです。

解説 be 動詞の適切な形を選ぶ問題。They（＝ a dog and two cats）が主語
なので，そのあとに続く be 動詞は are が適切。

（11） 正解 ③ ···

🈁 A：これはスコット夫妻の家なの？

　　B：うん，それは彼らの家[彼らのもの]だよ。

解説 代名詞の問題。主語の it は this を受けたもの。Yes, it's <u>their house</u>. と，
「所有格＋名詞」で表すこともできるが，所有格の後ろには必ず名詞が必要
なため their だけでは成り立たない。正解の theirs は mine や hers などと同
じ「所有代名詞」で，「所有格 ＋ 名詞」の代わりになる。この問題では <u>theirs</u>
（所有代名詞）は their house（所有格 ＋ 名詞）を表している。
1. them「彼らを[に]」　2. their「彼らの」　3. theirs「彼らのもの」　4. they
「彼らは」。

（12） 正解 ② ···

🈁 ウィルソンさんは毎週末にサイクリングに行く。

解説 前置詞の問題。on weekends（＝ every weekend）で「毎週末に」という
意味。また，「〜しに行く」という意味を表す〈go ＋スポーツや娯楽を表す
動詞の -ing 形〉もしっかり押さえておこう。

1. of「～の，～の中の[で]」 2. on「～の上に，（曜日など）～に，（手段）～で」 3. to「（方向・目的地）～へ，（程度・限度）～まで」 4. with「～といっしょに，～を使って」。

(13) 正解 4

(訳) A：きみのお母さんは料理が好きかい，キャシー？
　　 B：ええ。彼女はいつも台所にいるわ。

(解説) 動詞を含む熟語の問題。She's always in the kitchen.「彼女はいつも台所にいる」という情報や，空所のあとの -ing 形をヒントに解く。like ～ ing で「～するのが好き」という意味。

1. use「使う」 2. need「必要とする」 3. clean「きれいにする」 4. like「好む」。

(14) 正解 4

(訳) A：メアリー，シカゴは雪が降るの？
　　 B：ええ，たくさん降るわ。

(解説) 熟語の問題。a lot で「たくさん，多数，多量」という意味。後ろに名詞を続ける場合は，〈a lot of ＋ 名詞〉という形になる点に注意しよう。

1. much「たくさんの，多量の」 2. many「たくさんの，多数の」 3. better「よりよい，よりよく」 4. a lot「たくさん，多数，多量」。

(15) 正解 3

(訳) ポールはウエーター[接客係]だ。彼は日本料理店で働いている。

(解説) 名詞の問題。正解は，works at a Japanese restaurant「日本料理店で働いている」という情報からわかる。

1. pilot「パイロット」 2. nurse「看護師」 3. waiter「ウエーター」
4. teacher「教師」。

(16) 正解 ③

訳 男の子：何を見ているの，おじいちゃん？
祖父：数枚の古い写真だよ。

解説 「何を見ているのか」という質問なので，「見ているもの」を答える。

1. A new song.「新しい歌」　　　　2. In the garden.「庭に」
3. Some old pictures.「数枚の古い写真」　4. After dinner.「夕食後に」

(17) 正解 ④

訳 男の子：だれがトランペットを吹いているの？
女の子：ジェニーよ。

解説 Who ～ ?「だれが～ですか」という質問なので，「人」を答えているものを選ぶ。

1. In the school band.「学校の楽団で」　2. Very well.「とても上手に」
3. For twenty minutes.「20 分間」　　4. Jenny is.「ジェニーです」

(18) 正解 ④

訳 女性：そのペンケースが好きだわ。それはおいくらですか。
男性：それは 7 ドル 95 セントになります。

解説 男性は「値段」を答えているので，女性は「値段」をたずねているとわかる。How much ～ ? は「～はいくらですか」という意味。

1. How long is it?「それはどれくらいの長さですか」
2. Whose is it?「それはだれのものですか」
3. Where can I get it?「どこでそれを手に入れられますか」
4. How much is it?「それはいくらですか」

(19) 正解 ②

訳 母親：今日はジョンの誕生日ね。チョコレートケーキを作りましょう，
　　　　ケイト。
　女の子：いい考えね。

解説 〈Let's ＋ 動詞の原形～ .〉は「～しましょう」と相手に何かを「提案」する表現。Good idea.「いい考えね」は，ある提案に対して「同意」を表す際に用いられる定番の表現である。

1. Yes, I do.「はい，そうです」　**2**. Good idea.「いい考えね」
3. It's 3 p.m.「午後 3 時です」　**4**. Here you are.「どうぞ」

(20) 正解 ①

訳 女の子：あなたはよく学校に遅れてくるわね。ふだんは何時に起きる
　　　　　の？
　男の子：7 時半ごろだよ。

解説 What time ～ ?「何時に～ですか」とたずねているので，「時間」を答えているものを選ぶ。

1. Around seven thirty.「7 時半ごろ」　**2**. No, I can't.「いいえ，できません」
3. I'm sorry.「ごめんなさい」　　　　　　**4**. On my bed.「ぼくのベッドの上に」

(21) 正解 3

解説 「フレッドの肩」は〈所有格 ＋ 名詞〉の形を用いて Fred's shoulder と表す。また，前置詞のあとには名詞が続くので，<u>on Fred's shoulder</u> となる。

完成文 A bird <u>is</u> <u>on</u> <u>Fred's</u> <u>shoulder</u>.
　　　　　④　②　　③　　　①

(22) 正解 4

解説 「〜してくれませんか」と相手に何かを「依頼」する場合は，助動詞の can を用いて，〈Can you ＋ 動詞の原形〜 ?〉と表す。また，「ここに来る」は come here と表す。

完成文 Beth, <u>can</u> <u>you</u> <u>come</u> <u>here</u> and help me?
　　　　　②　　①　　④　　③

(23) 正解 2

解説 「いつ〜ですか」は When 〜 ? で表し，When のあとには疑問文の形が続く。また，「〜のお気に入りの…」は〈one's favorite ＋ 名詞〉という形で表す。

完成文 <u>When</u> <u>is</u> <u>your</u> <u>favorite</u> TV show?
　　　　　③　　①　　④　　②

(24) 正解 1

解説 「髪の毛をとかす」は brush *one's* hair と表す。また，「洗面所で」は「洗面所という空間の中で」という意味なので，前置詞 in を用いて in the bathroom と表す。

完成文 Kate is <u>brushing</u> <u>her</u> <u>hair</u> <u>in</u> the bathroom.
　　　　　　④　　　　③　　②　　①

(25) 正解 3

解説 the first day of 〜 で「〜の初日」という意味になる。

完成文 <u>Is</u> <u>today</u> <u>the first day</u> <u>of</u> your work?
　　　　　②　　③　　　①　　　　④

第1部 (問題編 P.118 ～ 119)

No.1 正解 ③ ·· ■)) TR 60

■)) 放送文

Mom, can I eat these cookies?

■)) 放送文 訳

お母さん, このクッキーを食べて
もいい?

▶ 選択肢

1. Yes, I can.
2. I'm hungry.
3. Of course, John.

▶ 選択肢 訳

1. ええ, 私はできます。
2. 私は空腹です。
3. もちろん, いいわよ, ジョン。

解説 Can I ～ ? は「～してもいいですか」と相手に「許可」を求める表現。それに対して「もちろん, いいですよ」と答える場合は, of course や sure を用いる。

No.2 正解 ② ·· ■)) TR 61

■)) 放送文

Hello, Ken. How are you?

■)) 放送文 訳

こんにちは, ケン。ごきげんいか
が?

▶ 選択肢

1. By bus.
2. Good, thank you.
3. To school.

▶ 選択肢 訳

1. バスで。
2. 元気です, ありがとう。
3. 学校へ。

解説 How are you? は「調子はどうですか, ごきげんいかがですか」と知り合いに近況をたずねる定番の表現。「調子がいい」場合は, (I'm) fine [good, well, great, all right]. などと答える。反対に, 「調子が悪い」場合は, not so good [well] などを用いて答える。

No.3　正解 ②　· ◀)) TR 62

🔊)) 放送文

What's the date today, Sally?

▶ 選択肢
1. With Mike.
2. It's November 25th.
3. Every year.

🔊)) 放送文 訳

今日は何日だい，サリー？

▶ 選択肢 訳
1. マイクと。
2. 11月25日よ。
3. 毎年。

解説 What's the date today? は「今日は何日ですか」と「日付」をたずねる表現である。It's November 25th. のように，「〜月…日」と答えよう。

No.4　正解 ①　· ◀)) TR 63

🔊)) 放送文

Jimmy, do you know the man over there?

▶ 選択肢
1. Yes. He lives near my house.
2. No, you can't.
3. Very fast.

🔊)) 放送文 訳

ジミー，向こうにいる男の人を知ってる？

▶ 選択肢 訳
1. うん。彼はぼくの家の近くに住んでいるよ。
2. いいえ，きみはできないよ。
3. とても速く。

解説 Do you 〜 ? という問いに対して，助動詞 can「〜できる」を用いて答えている **2** は不適切。また，「速さ」を問われているわけではないので，**3** も不適切。

No.5 正解 ③ ·· 🔊 TR 64

🔊 放送文

Where are you going, Cathy?

▶ 選択肢

1. With my friends.
2. At two o'clock.
3. To the library.

🔊 放送文 訳

どこに行くんだい，キャシー？

▶ 選択肢 訳

1. 私の友だちといっしょに。
2. 2時に。
3. 図書館へ。

解説 Where 〜？「どこに 〜ですか」と「行き先」をたずねているので，「場所」を答えているものを選ぶ。

No.6 正解 ② ·· 🔊 TR 65

🔊 放送文

How many tickets do you want?

▶ 選択肢

1. For one hour.
2. Four, please.
3. It's OK.

🔊 放送文 訳

何枚チケットがほしいですか。

▶ 選択肢 訳

1. 1時間。
2. 4枚ください。
3. 大丈夫です。

解説 〈How many ＋ 複数名詞〜 ?〉は「…をいくつ[どれくらいの数の…を]〜ですか」と「数」をたずねる表現なので，数を答えているものを選ぶ。

正解 ① $\cdots\cdots\cdots\cdots\cdots\cdots\cdots\cdots\cdots\cdots\cdots\cdots\cdots\cdots\cdots$ 🔊 TR 66

🔊 放送文

Do you want sugar and milk?

▶ 選択肢

1. No, thank you.
2. I like coffee.
3. Where is the cafeteria?

🔊 放送文 訳

砂糖とミルクはいかがですか。

▶ 選択肢 訳

1. いいえ，けっこうです。
2. 私はコーヒーが好きです。
3. 食堂はどこですか。

解説 Do you want 〜 ? は「〜がほしいですか，〜をいかがですか」と人に物を勧める際に用いる表現。ほしい場合は Yes, please. と答え，ほしくない場合は No, thank you. と断る。

正解 ① $\cdots\cdots\cdots\cdots\cdots\cdots\cdots\cdots\cdots\cdots\cdots\cdots\cdots\cdots\cdots$ 🔊 TR 67

🔊 放送文

Whose umbrella is this?

▶ 選択肢

1. I don't know, Mrs. Roberts.
2. It's raining.
3. Here you are.

🔊 放送文 訳

これはだれの傘ですか。

▶ 選択肢 訳

1. わかりません，ロバーツ先生。
2. 雨が降っています。
3. はい，どうぞ。

解説 〈Whose + 名詞〜 ?〉は「だれの…ですか」と「所有者」をたずねる際に用いる表現。**2** は「天気」について触れているので不適切。**3** の Here you are. は，「はい，どうぞ[はい，ここにあります]」という意味で，相手に物を差しだす際に用いる表現であるため不適切。

No.9　正解 ③ ···································· 🔊 TR 68

🔊 放送文

I'm ready.　How about you, Judy?

▶ 選択肢

1. Under the sofa.
2. I know the woman.
3. I'm coming, Peter!

🔊 放送文 訳

ぼくは準備できたよ。きみはどうだい，ジュディ？

▶ 選択肢 訳

1. ソファの下に。
2. 私はその女性を知っているわ。
3. 今，行くわ，ピーター！

解説 すでに準備を終えた男性が How about you?「あなたはどうですか」という表現を用いて女性の様子をうかがっている場面。会話の流れとして自然なものを選ぶ。

No.10　正解 ③ ···································· 🔊 TR 69

🔊 放送文

Look!　You can see the beach from my house.

▶ 選択肢

1. I'm here.
2. In the afternoon.
3. Wow, it's beautiful!

🔊 放送文 訳

見て！　私の家から浜辺が見えるのよ。

▶ 選択肢 訳

1. ぼくはここだよ。
2. 午後に。
3. うわあ，きれいだね！

解説 「見て！　私の家から浜辺が見えるのよ」という発言に対して，自分がいる場所を伝えている **1** や，時間を答えている **2** は不適切。このように，自然な会話の流れをさまたげる発言は不正解として考える。

No.11 正解 ④ .... 🔊 TR 71

🔊 放送文	🔊 放送文 訳
A : Is your car black, Jessica?	A : きみの車は黒なの，ジェシカ？
B : No, my car is red.	B : いいえ，私の車は赤よ。
Question: What color is Jessica's car?	質問 : ジェシカの車は何色ですか。

選択肢訳 ▶ 1. 黒。 2. 白。 3. ピンク。 4. 赤。

解説 会話には2種類の色(black と red)が出てくるが，ジェシカは my car is red.「私の車は赤よ」と答えているので，**4** が正解。

No.12 正解 ③ .... 🔊 TR 72

🔊 放送文	🔊 放送文 訳
A : I'm eighty-seven years old. How old is your grandfather, Taro?	A : 私は87歳よ。あなたのおじいさんは何歳なの，タロウ？
B : He is ninety-seven.	B : 彼は97歳です。
Question: How old is the woman?	質問 : 女性は何歳ですか。

選択肢訳 ▶ 1. 67歳。 2. 77歳。 3. 87歳。 4. 97歳。

解説 会話には女性とタロウの祖父2人の年齢(eighty-seven と ninety-seven)が出てくるが，女性は I'm eighty-seven years old.「私は87歳よ」と答えているので，**3** が正解。「97歳」なのは，タロウの祖父である。

No.13　正解 ④　‥‥‥‥‥‥‥‥‥‥‥‥‥‥‥‥‥‥‥‥‥‥ ◀)) TR 73

◀)) 放送文

A : Are you writing a letter, Yuka?

B : No, Dad.　I'm painting a picture of flowers.

Question: What is Yuka doing?

◀)) 放送文 訳

A : 手紙を書いているのかい，ユカ？

B : いいえ，お父さん。花の絵を描いているの。

質問：ユカは何をしていますか。

選択肢訳
1. 写真を撮っている。　　2. 手紙を書いている。
3. 庭で作業をしている。　4. 絵を描いている。

解説 ユカは No と答えているので，「手紙を書いている」のではないことがわかる。動詞 paint は「（絵の具などで絵や字）を描く」という意味。

No.14　正解 ②　‥‥‥‥‥‥‥‥‥‥‥‥‥‥‥‥‥‥‥‥‥‥ ◀)) TR 74

◀)) 放送文

A : Hello.

B : It's me, Bob.　I'm at the bus stop.　I'm coming home now.

Question: Where is Bob?

◀)) 放送文 訳

A：もしもし。

B：ボブだよ。バス停にいるんだ。今から家に帰るよ。

質問：ボブはどこにいますか。

選択肢訳
1. 家に。　2. バス停に。　3. バスの中に。　4. 公園の近くに。

解説 ボブがいる場所は，I'm at the bus stop.「ぼくはバス停にいる」という発言からわかる。

🔊 放送文

A: My family goes skating every winter. How about you, Lucy?
B: My family goes skiing in Canada.
Question: What does Lucy's family do every winter?

🔊 放送文 訳

A: ぼくの家族は毎年冬にスケートに行くよ。きみのところはどうなの, ルーシー？
B: 私の家族はカナダへスキーに行くわ。
質問: 毎年冬にルーシーの家族は何をしますか。

選択肢訳
1. 彼らはスケートに行く。
2. 彼らはスキーを楽しむ。
3. 彼らはバスケットボールをする。
4. 彼らはサッカーの試合を見る。

解説 「毎年冬に何をするのか」と「習慣」がたずねられている。会話には2種類のウインタースポーツ(skating と skiing)が出てくるが, ルーシーの家族が毎年冬に行うことは skiing in Canada「カナダでスキーをすること」なので, 2 が正解。

No.16 正解 ② ·· ◀)) TR 77

◀)) 放送文

1. Ms. Andrews is a taxi driver.
2. Ms. Andrews is a cook.
3. Ms. Andrews is a musician.

◀)) 放送文 訳

1. アンドリューズさんはタクシーの運転手です。
2. アンドリューズさんはコックです。
3. アンドリューズさんは音楽家です。

解説 「職業」を聞き取る問題。キッチンで料理をしている様子から，女性の職業は cook「コック」であるとわかる。

No.17 正解 ③ ·· ◀)) TR 78

◀)) 放送文

1. Kenta is in the pool.
2. Kenta is in the schoolyard.
3. Kenta is in the gym.

◀)) 放送文 訳

1. ケンタはプールにいます。
2. ケンタは校庭にいます。
3. ケンタは体育館にいます。

解説 「人物がいる場所」を聞き取る問題。絵の中の人物の「服装」から，人物たちがいる場所は pool「プール」ではないことがわかる。また，「背景」から「室内」であることがわかるので，**2** の schoolyard「校庭」は不適切。

No.18 正解 ② .... 🔊 TR 79

🔊 放送文

1. Today is Monday.
2. Today is Tuesday.
3. Today is Wednesday.

🔊 放送文 訳

1. 今日は月曜日です。
2. 今日は火曜日です。
3. 今日は水曜日です。

解説 「曜日」を聞き取る問題。日めくりカレンダーの問題は頻出である。「曜日」だけでなく，「日付」もしっかり聞き取れるようにしておこう。

No.19 正解 ③ .... 🔊 TR 80

🔊 放送文

1. Nancy's family has breakfast at 6:15.
2. Nancy's family has breakfast at 6:40.
3. Nancy's family has breakfast at 6:50.

🔊 放送文 訳

1. ナンシーの家族は6時15分に朝食を食べます。
2. ナンシーの家族は6時40分に朝食を食べます。
3. ナンシーの家族は6時50分に朝食を食べます。

解説 「時刻」を聞き取る問題。15 (fifteen)と50 (fifty)を聞き間違えないようにすること。絵の中に時計がある場合は，時刻を英語に直してから放送を聞くようにしよう。

No.20 正解 ① TR 81

◀)) 放送文

1. Charlie is standing by the river.
2. Charlie is swimming in the river.
3 Charlie is cleaning the river.

◀)) 放送文 訳

1. チャーリーは川のそばに立っています。
2. チャーリーは川で泳いでいます。
3. チャーリーは川をきれいにしています。

解説 「人物の動作」を聞き取る問題。絵の中の人物は「泳いで」いないので，2は不正解。また，cleaning「掃除をして」いる様子も見られないので，3も不正解。1のbyは「〜のそばに」という意味で，near「〜の近くに」よりも距離が近いことを表す。

No.21 正解 ② TR 82

◀)) 放送文

1. Pete is one hundred and twenty centimeters tall.
2. Pete is one hundred and twenty-four centimeters tall.
3. Pete is one hundred and forty-two centimeters tall.

◀)) 放送文 訳

1. ピートは身長が120センチメートルです。
2. ピートは身長が124センチメートルです。
3. ピートは身長が142センチメートルです。

解説 「身長」を聞き取る問題。時計の問題と同様に，絵の中に数字が表示されている場合は，頭の中で英語に直してから放送を聞くようにしよう。

No.22　正解 ③ ・・ 🔊 TR 83

🔊)) 放送文

1. They are talking on the phone.
2. They are listening to music.
3. They are sitting on the chair.

🔊)) 放送文 訳

1. 彼らは電話で話しています。
2. 彼らは音楽を聞いています。
3. 彼らはいすに座っています。

解説 「人物の動作」を聞き取る問題。絵の中の人物は確かに talking「話して」いるが，on the phone「電話で」話してはいないので **1** は不正解。

No.23　正解 ① ・・ 🔊 TR 84

🔊)) 放送文

1. It's cloudy today.
2. It's raining today.
3. It's sunny today.

🔊)) 放送文 訳

1. 今日はくもっています。
2. 今日は雨降りです。
3. 今日は晴れています。

解説 「天気」を聞き取る問題。絵の中の人物は傘を持っているが，まだ雨は降っていないため，**2** は不正解。

No.24 正解 ② ‥‥‥‥‥‥‥‥‥‥‥‥‥‥‥‥‥‥‥‥‥‥‥‥ 🔊 TR 85

🔊 放送文

1. Today is October 13th.
2. Today is October 30th.
3. Today is October 31st.

🔊 放送文 訳

1. 今日は 10 月 13 日です。
2. 今日は 10 月 30 日です。
3. 今日は 10 月 31 日です。

解説 「日付」を聞き取る問題。13 (thirteen) と 30 (thirty) を聞き間違えないようにしよう。「日付」と並んでよく出題される「曜日」も答えられるようにしておこう。

No.25 正解 ② ‥‥‥‥‥‥‥‥‥‥‥‥‥‥‥‥‥‥‥‥‥‥‥‥ 🔊 TR 86

🔊 放送文

1. This is a bus stop.
2. This is an airport.
3. This is a train station.

🔊 放送文 訳

1. これはバス停です。
2. これは空港です。
3. これは鉄道の駅です。

解説 「場所」を聞き取る問題。絵の中に飛行機やフライトアテンダントが見えるので，**2** の airport「空港」が正解。

著者

江川昭夫 <small>えがわ あきお</small>

英語教育の現場で英語教師として力を注ぎ、自らが原動力となった「英検まつり」、英語力強化を軸に展開する「学習転移メソッド」、グローバル人材育成を推進する「イマージョン教育」「先進的留学制度」など、意欲的なプログラムを成功に導く。英語初期学習者の効率的学習法から海外子女帰国後の英語力の維持発展まで英語教育全般における実績に定評がある。佼成学園女子中学高等学校（東京都世田谷区）では主軸の教頭を務め、英検1級合格者を毎年輩出。平成28（2016）年4月、学校法人聖母被昇天学院（大阪府箕面市）常任理事に就任。平成29（2017）年4月、アサンプション国際中学校高等学校校長。学院の幼・小・中高での英語一貫教育構築のリーダーを務め、平成31（2019）年4月、学校法人森村学園（神奈川県横浜市）中等部・高等部校長に就任。令和4（2022）年3月、任期満了をもって勇退。その後、学校法人三田尻学園（山口県防府市）理事、学校法人大成学園（東京都三鷹市）評議員、学校法人自由ヶ丘学園（東京都目黒区）教育アドバイザー、株式会社078（兵庫県神戸市：内閣府企業主導型保育園Kids &Nursery School）教育顧問に就任。21stCEO（旧21世紀型教育機構）創設メンバーから「未来志向型教育」拡充に多方面から貢献。論理的思考力の基盤と考えられるLanguage Artsにも注目。論理的に日本語で自らの意見を主張できる人財の育成にも貢献。

※英検®は、公益財団法人 日本英語検定協会の登録商標です。
※このコンテンツは、公益財団法人 日本英語検定協会の承認や推奨、その他の検討を受けたものではありません。

一問一答　英検®5級 完全攻略問題集 音声DL版

著　者　江川昭夫
発行者　高橋秀雄
編集者　根本真由美
発行所　**株式会社 高橋書店**
　　　　〒170-6014 東京都豊島区東池袋3-1-1 サンシャイン60 14階
　　　　電話　03-5957-7103

ISBN978-4-471-27526-6　©TAKAHASHI SHOTEN　Printed in Japan

本書の内容についてのご質問は「書名、質問事項（ページ、内容）、お客様のご連絡先」を明記のうえ、郵送、FAX、ホームページお問い合わせフォームから小社へお送りください。
回答にはお時間をいただく場合がございます。また、電話によるお問い合わせや、本書の内容を超えたご質問にはお答えできませんので、ご了承ください。本書に関する正誤等の情報は、小社ホームページもご参照ください。

【内容についての問い合わせ先】
　書　面　〒170-6014 東京都豊島区東池袋3-1-1 サンシャイン60 14階　高橋書店編集部
　ＦＡＸ　03-5957-7079
　メール　小社ホームページお問い合わせフォームから　（https://www.takahashishoten.co.jp/）

【不良品についての問い合わせ先】
　ページの順序間違い・抜けなど物理的欠陥がございましたら、電話03-5957-7076へお問い合わせください。ただし、古書店等で購入・入手された商品の交換には一切応じられません。

一問一答 英検®5級 完全攻略問題集

音声DL版

完全攻略問題集

別冊
スピーキングテスト
重要文法＆
頻出単熟語

高橋書店

矢印の方向に引くと、取り外し可能です ➡

スピーキングテスト／重要文法&頻出単熟語

じゅうようぶんぽう

ひんしゅつたんじゅくご

Contents

スピーキングテストの概略

POINT

形式	コンピューター端末を使用した録音形式。画面上に英文とイラストが表示される。まず英文の黙読・音読が課され、その後、音声による質問に答える。
対策	ふだんから音読の練習をし、英語を口にすることに慣れておこう。英文自体は難しくないので、落ち着いて本番に臨むことが大切。

スピーキングテストとは？

受験者の英語を「話す」能力をみるテスト。与えられた英文の音読、英文やイラストに関する質問、受験者自身に関する質問などが出ます。

❶ 申込者は全員受験できる！

一次試験（筆記試験・リスニングテスト）の合否にかかわらず、申込者は全員受験できます。

❷ どこでも受験できる！

コンピューター端末を活用した録音形式で行われます。インターネット上のスピーキングテストサイトにアクセスして申し込みます。自宅や学校のパソコン、タブレットなどから受験できるので、指定された受験会場などに行く必要はありません。

受験日の指定はありません。有効期間は１年間なので注意しましょう。受験回

英検®５級

数は1回の申し込みにつき1回のみとなります。
　くわしくは，日本英語検定協会のホームページをご覧ください。

❸ 合否は一次試験とは別に判定

　一次試験の合否判定には，スピーキングテストの結果は使用されません。
　スピーキングテストの結果は，これまでの級認定とは別に，スピーキングテスト単独の合否として判定されます。
　成績については，スピーキングテスト受験から約1か月後に，ウェブサイト上で確認できます。

スピーキングテストの課題内容

形式・課題	形式・課題詳細	質問数	解答形式
音読	20語程度の英文を読む。	1問	録音形式（パソコン，スマートフォン，タブレットなどのコンピューター端末)
英文についての質問	音読した英文の内容についての質問に答える。	2問	
受験者自身のことなど	受験者自身に関する質問に答える（カードのトピックに直接関連しない内容も含む）。	1問	

◀)) TR 88

Masaki's Sister

Masaki has a sister. Her name is Mari. She is six years old. Masaki plays a video game with Mari after school.

- -

※上記四角の枠内が受験者に画面上で提示される情報です。

【質問】
(下記質問の前に，パッセージ〈英文〉の黙読・音読が課されます。)

No.1　◀)) TR 89

Please look at the passage. How old is Mari?

No.2　◀)) TR 90

What does Masaki do after school?

No.1　◀)) TR 91

What do you usually do before dinner?

解答と解説

パッセージ訳 マサキの妹

　マサキには妹がいます。彼女の名前はマリです。彼女は6歳です。マサキは放課後に，マリといっしょにテレビゲームをします。

No.1　🔊 TR 89

質問文訳 パッセージを見てください。マリは何歳ですか。

解答例 She is six years old.

解答例訳 彼女は6歳です。

解説 six years old とある3文目に注目。この文がそのまま答えになる。She is six. としても正解。～ years old「～歳」。

No.2　🔊 TR 90

質問文訳 マサキは放課後に何をしますか。

解答例 He plays a video game (with Mari[his sister]).

解答例訳 彼は（マリ[彼の妹]と）テレビゲームをします。

解説 最後の文に注目。答えるときは，質問文にある after school を省略するとよい。play a video game「テレビゲームをする」

No.3　🔊 TR 91

質問文訳 あなたはたいてい，夕食の前に何をしますか。

解答例 I practice tennis.

解答例訳 私はテニスを練習します。

解説 自分自身のことについて答える問題。その他の解答例としては，do my homework「宿題をする」，play baseball「野球をする」，read a book「本を読む」など。ふだん自分がすることについて，英語で言えるようにしておけば，本番でもうろたえずに答えることができる。

Nana's Bag

Nana is a junior high school student.　She has a new bag.　The bag is black, and it has two pockets.　Nana carries some books in the bag.

※上記四角の枠内が受験者に画面上で提示される情報です。

【質問】
（下記質問の前に，パッセージ〈英文〉の黙読・音読が課されます。）

No.1　🔊 TR 94

Please look at the passage.　How many pockets does Nana's bag have?

No.2　🔊 TR 95

What does Nana carry in her bag?

No.3　🔊 TR 96

What do you want now?

解答と解説

パッセージ訳 **ナナのかばん**

　ナナは中学生です。彼女は新しいかばんを持っています。そのかばんは黒くて，ポケットが２つあります。ナナは数冊の本をそのかばんに入れて運びます。

No.1　 🔊 TR 94

質問文訳 パッセージを見てください。ナナのかばんには，いくつポケットがありますか。

解答例 It has two pockets.

解答例訳 ２つのポケットがあります。

解説 ３文目に注目。文後半の it はナナのかばんをさす。この部分をそのまま答えればよい。

No.2　 🔊 TR 95

質問文訳 ナナは彼女のかばんに何を入れて運びますか。

解答例 She carries some books.

解答例訳 彼女は数冊の本を運びます。

解説 最後の文に注目。答えの文では, Nana を She に置きかえる。in the bag は省略するとよい。books というように，複数形の s をつけるのを忘れないように注意しよう。

No.3　 🔊 TR 96

質問文訳 あなたは今，何がほしいですか。

解答例 I want a new bike.

解答例訳 私は新しい自転車がほしいです。

解説 I want 〜に，自分がほしいものを続けて答える。その他の解答例として，a book「本」，a smartphone「スマートフォン」，a camera「カメラ」，a dog「犬」などが考えられる。必要に応じて単数形と複数形を使い分ける。

1 名詞と代名詞

★ **POINT** ★★★★★★★★★★★★★★★★★★★★★★

人やものごとを表す言葉を「**名詞**」といい，文章中に一度出てきた名詞を置きかえた言葉を「**代名詞**」といいます。代名詞は役割によって形が変わるので要注意です。

★★★★★★★★★★★★★★★★★★★★★★★★★★★★★

	～は・が	～の	～を・に	～のもの
私	I	my	me	mine
私たち	we	our	us	ours
あなた あなたたち	you	your	you	yours
彼	he	his	him	his
彼女	she	her	her	hers
それ	it	its	it	its
彼ら 彼女たち それら	they	their	them	theirs

1) 代名詞を「〜は」の意味で動詞の前に置くとき（主語）
   I am a doctor. 　　　　　訳 **私は**医師です。

2) 代名詞を「〜を・に」の意味で動詞のあとに置くとき（目的語）
   Keiko loves **him**. 　　　訳 ケイコは**彼を**愛しています。

3) 代名詞を「〜の」の意味で名詞の前に置くとき
   His mother is a teacher. 　訳 **彼の**母親は先生です。

4) 代名詞を「〜のもの」の意味で使うとき
   This bike is **mine**. 　　　訳 この自転車は**私のもの**です。

〈補足〉
☆「動詞」とは日本語の「〜する」「〜だ」にあたるものをいいます。
☆ 動詞 is / am / are を「be 動詞」と呼びます。be 動詞はおも
　に主語の状態や内容を表すときに使います。
☆「be 動詞」以外の動詞を「一般動詞」と呼びます。

2 単数と複数

POINT ★★★★★★★★★★★★★★★★★★★★★★★★★

「名詞」「代名詞」は，それが「1つ（単数）」なのか，「2つ以上（複数）」なのかで形が変化します。

★★★★★★★★★★★★★★★★★★★★★★★★★★★★★

① 単数のとき ⇒ 前に a / an を置く

名詞では…		これを代名詞でいうと…	
1人の男の子	**a** boy	彼	he
1人の女の子	**a** girl	彼女	she
1冊の本	**a** book	それ	it

② 複数のとき ⇒ 後ろに s / es をつける

名詞では…		これを代名詞でいうと…	
男の子たち	boy**s**	彼ら	they
女の子たち	girl**s**	彼女たち	
本	book**s**	それら	

*child → children など，一部の単語は特別な変化をする。

スピーキングテスト

重要文法

頻出単熟語

1)「名詞」が「単数」のとき … a boy / a girl / a book
   ⇒ すでにわかっているとき … the boy / the girl / the book
   ⇒ さらに「代名詞」にするとき … he / she / it となります。

2)「名詞」が「複数」のとき … boys / girls / books
   ⇒ すでにわかっているとき … the boys / the girls / the books
   ⇒ さらに「代名詞」にするとき … すべて they となります。

〈補足〉

☆ 名詞の前の「a」や名詞の後ろの「s」は, 発音がしやすいよう, 'an orange'や'dishes'などに変化することもあります。

☆ 英語には'desk'(机)や'house'(家)のように数えられる名詞と, 'milk'(ミルク)や'coffee'(コーヒー)のように, 器や測るものを使わないと「1つ」「2つ」と数えられない名詞もあります。このような数えられない名詞には a / an, s / es をつけません。

数えられる名詞

house(家)　desk(机)
cat(猫)　book(本)

数えられない名詞

water(水)　milk(ミルク)
Japan(日本)

3 主語と動詞

1 be 動詞の基本

⇒ 「何かがどこかにあること」や，「何かが何かであること」など「状態」を表す動詞を「be 動詞」といいます。「be 動詞」は前に置かれる名詞・代名詞（= 主語）によって「is / am / are」のいずれかの形になります。

主語	be動詞の形
I	am
we / you / they / 複数名詞	are
he / she / it / 単数名詞	is

1) 主語が「I = 私」のとき
   I am a teacher.　　　訳 私は教師です。

2) 主語が「you = あなた・あなたたち」のとき
   　　　　　　　　　*you は単数・複数とも同じ形
   You are very tall.　　訳 あなたは（あなたたちは）とても背が高いです。

3) 主語が「複数名詞」のとき
   We are in Nagano.　　訳 私たちは長野にいます。
   The books are mine.　　訳 それらの本は私のものです。

4) 主語が「he/ she / it / 単数名詞」のとき
He is very kind. 　　　訳 彼はとても親切です。
The book is on the desk. 訳 その本は机の上にあります。

2 一般動詞の基本

⇒ be 動詞以外の動詞を「一般動詞」といいます。like（好む）
→ likes のように，「一般動詞」は前に置かれる名詞・代
名詞（＝主語）によって後ろに「s」をつけます。また，
wash（洗う）→ washes のように，発音しやすくするた
めに「es」をつけることもあります。

⇒ study（勉強する）→ studies や，have（持っている）→
has など，一部の単語は特別な変化をします。

主語	動詞の形
I / we / you / they / 複数名詞	like, wash, study, have … など，ふつうの形
he/ she / it / 単数名詞	likes, washes, studies, has … に変化

1) 主語が「I / we / you / they / 複数名詞」のとき
I like tennis. 　　　　訳 私はテニスが好きです。
They study English. 　訳 彼らは英語を勉強している。

2) 主語が「1）以外の単数名詞」のとき
The boy likes tennis. 訳 その男の子はテニスが好きです。
She studies English. 　訳 彼女は英語を勉強している。

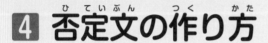

4 否定文の作り方

★ **POINT** ★★★★★★★★★★★★★★★★★★★★★★★★
★ 否定文では,「be 動詞」と「一般動詞」で否定を表す語句が入る位
★ 置が異なります。
★★★★★★★★★★★★★★★★★★★★★★★★★★★★

1 be 動詞の否定文

⇒ be 動詞の後ろに not を置きます。

John is not (= isn't) at home now.
訳 ジョンは今, 家にいません。

They are not (= aren't) my friends.
訳 彼らは私の友だちではありません。

主語	be動詞の否定形
I	am not
we / you / they / 複数名詞	are not (= aren't)
he/ she / it / 単数名詞	is not (= isn't)

2 一般動詞の否定文

⇒ 一般動詞の前に **do not / does not** を置きます。動詞には s / es をつけません。

I do not (= don't) play baseball.

訳 私は野球をしません。

Linda does not (= doesn't) like tomatoes.

訳 リンダはトマトが好きではありません。

主語	一般動詞の否定形
I / we / you / they / 複数名詞	do not (= don't) + 動詞
he/ she / it / 単数名詞	does not (= doesn't) + 動詞

5 疑問文の作り方

1 be 動詞の疑問文

⇒ be 動詞と主語を入れかえ, 文末に「?」をつけます。また, 答えの文は Yes, ～ . (はい, ～), No, ～ . (いいえ, ～) という形になります。

A: **Are you a student?** 　訳 あなたは学生ですか。

B: **Yes, I am.** 　訳 はい, 学生です。

　No, I'm not. 　訳 いいえ, 学生ではありません。

A: **Are they your friends?** 　訳 彼らはあなたの友だちですか。

B: **Yes, they are.** 　訳 はい, そうです。

　No, they aren't. 　訳 いいえ, 違います。

A: **Is she your mother?** 　訳 彼女はあなたのお母さんですか。

B: **Yes, she is.** 　訳 はい, そうです。

　No, she isn't. 　訳 いいえ, 違います。

2 一般動詞の疑問文

⇒ 主語の前に do / does を置き, 文末に「?」をつけます。動詞には s / es をつけません。

A: **Do you like cookies?** 　訳 あなたはクッキーが好きですか。

B: **Yes, I do.** 　訳 はい, 好きです。

　No, I don't. 　訳 いいえ, 好きではありません。

A: **Does** he <u>like</u> <u>sports</u>? 訳 彼はスポーツが<ruby>好<rt>す</rt></ruby>きですか。
B: **Yes, he does.** 訳 はい，<ruby>好<rt>す</rt></ruby>きです。
　 No, he doesn't. 訳 いいえ，<ruby>好<rt>す</rt></ruby>きではありません。

〈be <ruby>動<rt>どう</rt></ruby><ruby>詞<rt>し</rt></ruby>の<ruby>疑<rt>ぎ</rt></ruby><ruby>問<rt>もん</rt></ruby><ruby>文<rt>ぶん</rt></ruby>のまとめ〉

<ruby>主<rt>しゅ</rt></ruby><ruby>語<rt>ご</rt></ruby>	<ruby>疑<rt>ぎ</rt></ruby><ruby>問<rt>もん</rt></ruby><ruby>文<rt>ぶん</rt></ruby>の<ruby>形<rt>かたち</rt></ruby>	<ruby>答<rt>こた</rt></ruby>え<ruby>方<rt>かた</rt></ruby>
I	Am I 〜?	Yes, you are. / No, you aren't.
we / you / they / <ruby>複<rt>ふく</rt></ruby><ruby>数<rt>すう</rt></ruby><ruby>名<rt>めい</rt></ruby><ruby>詞<rt>し</rt></ruby>	Are they (you / we) 〜? など	Yes, they are. / No, they aren't. など
he / she / it / <ruby>単<rt>たん</rt></ruby><ruby>数<rt>すう</rt></ruby><ruby>名<rt>めい</rt></ruby><ruby>詞<rt>し</rt></ruby>	Is he (she / it) 〜? など	Yes, he is. / No, he isn't. など

〈<ruby>一<rt>いっ</rt></ruby><ruby>般<rt>ぱん</rt></ruby><ruby>動<rt>どう</rt></ruby><ruby>詞<rt>し</rt></ruby>の<ruby>疑<rt>ぎ</rt></ruby><ruby>問<rt>もん</rt></ruby><ruby>文<rt>ぶん</rt></ruby>のまとめ〉

<ruby>主<rt>しゅ</rt></ruby><ruby>語<rt>ご</rt></ruby>	<ruby>疑<rt>ぎ</rt></ruby><ruby>問<rt>もん</rt></ruby><ruby>文<rt>ぶん</rt></ruby>の<ruby>形<rt>かたち</rt></ruby>	<ruby>答<rt>こた</rt></ruby>え<ruby>方<rt>かた</rt></ruby>
I	Do I 〜?	Yes, you do. / No, you don't.
we / you / they / <ruby>複<rt>ふく</rt></ruby><ruby>数<rt>すう</rt></ruby><ruby>名<rt>めい</rt></ruby><ruby>詞<rt>し</rt></ruby>	Do they (you / we) 〜? など	Yes, they do. / No, they don't. など
he / she / it / <ruby>単<rt>たん</rt></ruby><ruby>数<rt>すう</rt></ruby><ruby>名<rt>めい</rt></ruby><ruby>詞<rt>し</rt></ruby>	Does he (she / it) 〜? など	Yes, he does. / No, he doesn't. など

6 疑問詞を使った疑問文

1 疑問詞

⇒ 以下の単語を疑問詞といいます。非常に重要なので，すべて覚えてください。疑問文では，疑問詞は文頭に置きます。

who だれ	Who is that boy? あの少年はだれですか。
whose だれの	Whose cap is this? これはだれの帽子ですか。
what 何・どんな	What flower do you like? あなたはどんな花が好きですか。
which どちら（の）	Which is your sister? どちらがあなたの姉（妹）ですか。
when いつ	When are you free? あなたはいつ暇ですか。
where どこで・どこに	Where are my shoes? 私の靴はどこですか。
why なぜ	Why are you so happy? あなたはなぜそんなに喜んでいるの。
how どのように	How do you go to school? あなたはどうやって学校に行くの。

② be 動詞の疑問文

⇒ 文頭に「疑問詞」を置きます。それ以外はふつうの be 動詞の疑問文と同じで，be 動詞と主語を入れかえ，文末に「？」をつけます。

A: **Where is she?**　　　　訳 彼女はどこにいますか。

B: **She is in the library.** 訳 彼女は図書館にいます。

③ 一般動詞の疑問文

⇒ 文頭に「疑問詞」を置きます。それ以外はふつうの一般動詞の疑問文と同じで，主語の前に do / does を置き，文末に「？」をつけます。<u>動詞には s / es をつけません。</u>

A: **What do you want now?**　訳 あなたは今，何がほしいですか。

B: **I want a car.**　　　　　　訳 私は車がほしいです。

A: **Where does he live?**　　訳 彼はどこに住んでいますか。

B: **He lives in Yokohama.** 訳 彼は横浜に住んでいます。

7 現在進行形

1 現在進行形の基本

⇒ is / am / are の後ろに「動詞の -ing 形」を置いたものを「現在進行形」と呼びます。現在進行形は「～している」の意味になります。

He is doing his homework now.
訳 彼は今，宿題をしています。

⇒ ある動作が「どこかに向かっている」とき，現在進行形は「～しようとしている」「～するところだ」の意味になります。

He is going to the library.
訳 彼は図書館に行くところだ。

2 現在形との違い

⇒ 現在形は「ふだんの状況」を表します。これに対して進行形は，あることが「そのとき，たまたま」行われていることを表します。

1) 現在形 = ふだんからしていること

He walks around the park every morning.
訳 彼は毎朝，公園の周りを歩きます。

2) 進行形 = たまたましていること
   He is walking around the park now.
   訳 彼は今，公園の周りを歩いています。

③ 現在進行形の否定文と疑問文

1) 否定文
   ⇒ be 動詞の後ろに not を置きます。

   He is not (= isn't) studying now.
   訳 彼は今，勉強していません。

2) 疑問文
   ⇒ be 動詞と主語を入れかえ，文末に「？」をつけます。

   A: Are you waiting for her?
   B: Yes, I am. / No, I'm not.
   訳 あなたは彼女を待っているのですか。
   訳 はい，そうです。 / いいえ，違います。

3) 疑問詞を使った疑問文
   ⇒ 文頭に疑問詞を置き，be 動詞と主語を入れかえ，文末に「？」
   をつけます。

   A: Where are you going?
   B: I'm going to the station.
   訳 あなたはどこへ行くところですか。
   訳 私は駅へ行くところです。

8 命令文

1 命令文の基本

⇒ s / es のつかない動詞から始まる文を命令文と呼びます。
命令文は「〜しなさい」「〜せよ」の意味となります。

Stop it.
訳 そんなことやめなさい。

2 Please + 命令文

⇒ ていねいにお願いする場合は，文頭に Please をつけます。

Please wait here.
訳 どうぞこちらでお待ちください。

3 否定の命令文

⇒ 「〜してはならない」「〜するな」の意味の「否定の命令文」
は動詞の前に Don't を置きます。

Don't ask me.
訳 私に聞かないで。

④ be 動詞の命令文

⇒ be 動詞のもとの形である「be」をそのまま用います。

Be kind to your friends.
訳 友だちには親切にしなさい。

⇒ be 動詞の「否定の命令文」は Don't be ～ の形となります。

Don't be shy.
訳 恥ずかしがらないで。（**shy** = 恥ずかしがりの）

⑤ Let's ～

⇒「～しよう」と誘うときは Let's ～の形になります。

A: **Let's play tennis.**
B: **Yes, let's. / No, let's not.**
訳 テニスをしようよ。
訳 うん，そうしよう。 ／ いや，やめよう。

9 前置詞のまとめ

1 前置詞の基本

⇒ 名詞の前に置いて，「時」や「場所」を表す言葉を「前置詞」といいます。代表的な意味は以下の通り。

2 場所を表す前置詞

1) at「～に」= 一点を指すイメージ
   They are staying at the hotel.
   訳 彼らはそのホテルに滞在しています。

〈at「～に」のイメージ〉

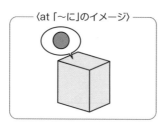

2) in「～の中に」= 囲まれているイメージ
   The candies are in the box.
   訳 キャンディーは箱の中にあります。

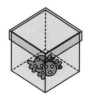

〈in「～の中に」のイメージ〉

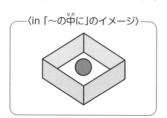

3) on「〜の上に」= 載っているまたは触れているイメージ

The apples are on the table.

訳 テーブルの上にリンゴがあります。

〈on「〜の上に」のイメージ〉

4) to「〜へ」= 到達するイメージ

He sometimes goes to the park.

訳 彼はときどきその公園に行きます。

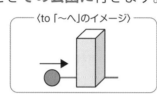

〈to「〜へ」のイメージ〉

5) by「〜のそばに」= となりにあるイメージ

He is standing by the tree.

訳 彼は木の近くに立っています。

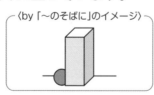

〈by「〜のそばに」のイメージ〉

6) with「〜といっしょに」= ともなっているイメージ

He is walking with his dog.

訳 彼は犬と散歩しています。

〈with「〜といっしょに」のイメージ〉

③ 時を表す前置詞

1) at「〜に」＝時刻

The lesson starts at six p.m.

訳 レッスンは午後6時に始まります。

2) on「〜に」＝曜日や日付

They sometimes play baseball on Sundays.

訳 彼らはときどき日曜に野球をします。

3) in「〜に」＝午前・午後・年・月など，幅のある時間

Let's go shopping in the afternoon.

訳 午後，買い物に行きましょう。

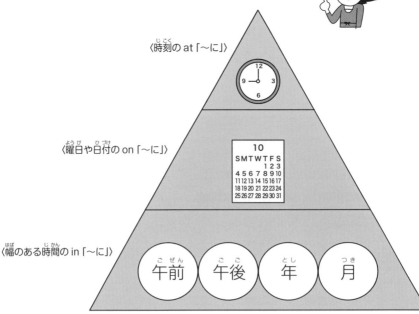

〈時刻の at「〜に」〉

〈曜日や日付の on「〜に」〉

| 10 |
| SMTWTFS |
| 1 2 3 |
| 4 5 6 7 8 9 10 |
| 11 12 13 14 15 16 17 |
| 18 19 20 21 22 23 24 |
| 25 26 27 28 29 30 31 |

〈幅のある時間の in「〜に」〉

午前　午後　年　月

4) before 「〜の前に」

Come here before seven o'clock.

訳 7時前にここに来てください。

5) after 「〜のあとに」

Let's go swimming after school.

訳 放課後, 泳ぎに行きましょう。

④ その他の前置詞

1) by 「〜で」= 交通手段

He goes to school by bus.

訳 彼はバスで学校に行きます。

2) with 「〜で」= 道具

He is writing a letter with a pen.

訳 彼はペンで手紙を書いています。

3) about 「〜について」= 話題

They are talking about the book.

訳 彼らは, その本について話をしています。

① 家

garden 名 庭

house 名 家

home 名 家

door 名 ドア

wall 名 壁

chair 名 いす

table 名 テーブル

window 名 窓

room 名 部屋

☑ kitchen 名	台所	☑ bathroom 名	風呂場・トイレ
☑ living room 名	居間・リビング	☑ bed 名	寝台・寝床

②生活

☐ **TV** 名	テレビ(television の略)	☐ **clock** 名		置き(かけ)時計
☐ **newspaper** 名	新聞	☐ **calendar** 名		カレンダー
☐ **magazine** 名	雑誌	☐ **holiday** 名		休日
☐ **phone** 名	電話	☐ **vacation** 名		休暇
☐ **e-mail** 名	電子メール	☐ **birthday** 名		誕生日
☐ **letter** 名	手紙	☐ **party** 名		パーティー

③家族としんせき

☐ ①**family** 名	家族	☐ ⑦**grandmother** 名	祖母
☐ ②**father** 名	父 = Dad	☐ ⑧**uncle** 名	おじ
☐ ③**mother** 名	母 = Mom	☐ ⑨**aunt** 名	おば
☐ ④**son** 名	息子	☐ **brother** 名	兄・弟
☐ ⑤**daughter** 名	娘	☐ **sister** 名	姉・妹
☐ ⑥**grandfather** 名	祖父	☐ **cousin** 名	いとこ

④体と服装

☐ ①face 名	顔	☐ ⑧cap 名	（ふちのない）帽子
☐ ②head 名	頭	☐ ⑨glasses 名	めがね
☐ ③hair 名	髪の毛	☐ ⑩watch 名	腕時計
☐ ④hand 名	手	☐ ⑪shoe 名	靴
☐ ⑤finger 名	指	☐ ⑫bag 名	かばん
☐ ⑥foot 名	足（複数形 = feet)	☐ hat 名	（ふちのある）帽子
☐ ⑦shirt 名	シャツ	☐ umbrella 名	傘

⑤食事

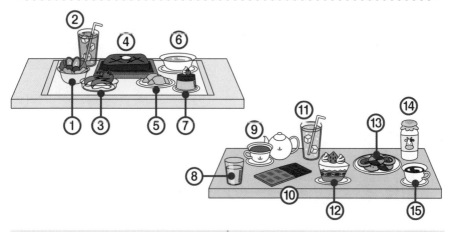

☐ ①salad 名	サラダ
☐ ②drink 名	飲み物（動〜を飲む）
☐ ③fruit 名	果物
☐ ④meat 名	肉
☐ ⑤bread 名	パン
☐ ⑥soup 名	スープ
☐ ⑦dessert 名	デザート
☐ ⑧water 名	水
☐ ⑨tea 名	お茶
☐ ⑩chocolate 名	チョコレート
☐ ⑪juice 名	ジュース

☐ ⑫cake 名	洋菓子・ケーキ
☐ ⑬cookie 名	クッキー
☐ ⑭milk 名	牛乳
☐ ⑮coffee 名	コーヒー
☐ food 名	食べ物
☐ breakfast 名	朝食
☐ lunch 名	昼食
☐ dinner 名	夕食
☐ rice 名	米
☐ vegetable 名	野菜
☐ sandwich 名	サンドイッチ

31

⑥街・自然・動物

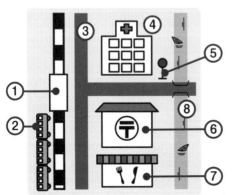

☑ ①station 名	駅	☑ ⑫tree 名	木
☑ ②train 名	列車	☑ ⑬man 名	男性・人
☑ ③street 名	通り・街路	☑ ⑭woman 名	女性
☑ ④hospital 名	病院	☑ ⑮boy 名	男の子
☑ ⑤bus stop 名	バス停	☑ ⑯girl 名	女の子
☑ ⑥post office 名	郵便局	☑ ⑰baby 名	赤ちゃん
☑ ⑦restaurant 名	レストラン	☑ town 名	町
☑ ⑧river 名	川	☑ park 名	公園
☑ ⑨dog 名	犬	☑ city 名	都市
☑ ⑩cat 名	猫	☑ bicycle 名	自転車 ＝ bike
☑ ⑪flower 名	花	☑ store 名	店

☐ supermarket 名 スーパーマーケット	☐ movie 名	映画
☐ department store 名 デパート	☐ ticket 名	チケット・切符
☐ cafeteria 名 カフェテリア・セルフサービスの食堂	☐ mountain 名	山
☐ bank 名 銀行	☐ sea 名	海
☐ money 名 お金	☐ ground 名	地面
☐ dollar 名 ドル($という記号で表す)	☐ zoo 名	動物園
☐ job 名 仕事	☐ animal 名	動物
☐ office 名 会社・職場	☐ rabbit 名	うさぎ
☐ doctor 名 医者	☐ bird 名	鳥
☐ nurse 名 看護師	☐ fish 名	魚
☐ police officer 名 警察官	☐ cow 名	雌牛
☐ library 名 図書館・図書室	☐ lion 名	ライオン
☐ museum 名 美術館・博物館	☐ tiger 名	トラ
☐ theater 名 劇場	☐ elephant 名	象
☐ people 名 人々		

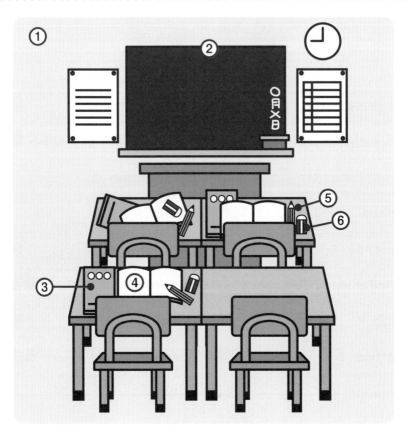

☑ ①classroom 名	教室（きょうしつ）	☑ ⑥eraser 名	消しゴム（け）
☑ ②blackboard 名	黒板（こくばん）	☑ ⑦teacher 名	先生（せんせい）
☑ ③textbook 名	教科書（きょうかしょ）	☑ ⑧student 名	学生・生徒（がくせい・せいと）
☑ ④notebook 名	ノート	☑ ⑨math 名	数学（すうがく）
☑ ⑤pencil 名	鉛筆（えんぴつ）	☑ ⑩history 名	歴史（れきし）

チェック
しよう
1 回目
2 回目
3 回目
4 回目

スピーキングテスト

重要文法

頻出単熟語

☑ ⑪ science 名	理科・科学	
☑ ⑫ P.E. 名	体育	
☑ lesson 名	授業・レッスン・おけいこ	
☑ dictionary 名	辞書	
☑ homework 名	宿題	
☑ school 名	学校	
☑ friend 名	友だち	

☑ class 名	授業・クラス	
☑ classmate 名	クラスメート	
☑ pool 名	プール	
☑ club 名	クラブ・団体	
☑ chalk 名	チョーク	
☑ test 名	試験・テスト	

⑧趣味・スポーツ

☑	①guitar 名	ギター	☑	⑥art 名	美術・芸術
☑	②piano 名	ピアノ	☑	⑦camera 名	カメラ
☑	③violin 名	バイオリン	☑	⑧picture 名	写真・絵
☑	④music 名	音楽	☑	⑨volleyball 名	バレーボール
☑	⑤flute 名	フルート	☑	⑩soccer 名	サッカー

⑪baseball 名	野球	hobby 名	趣味
⑫tennis 名	テニス	sport 名	スポーツ
⑬racket 名	ラケット	team 名	チーム
⑭basketball 名	バスケットボール	song 名	歌

⑨世界（せかい）

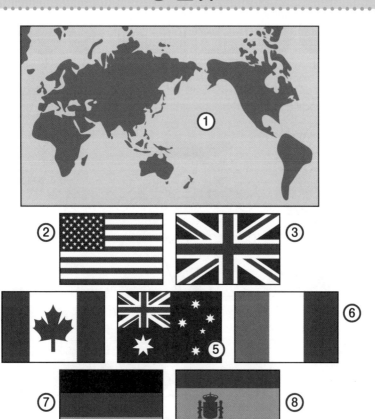

☑ ①map 名	地図（ちず）	☑ ⑥France 名	フランス
☑ ②America 名	アメリカ	☑ ⑦Germany 名	ドイツ
☑ ③UK 名	イギリス	☑ ⑧Spain 名	スペイン
☑ ④Canada 名	カナダ	☑ world 名	世界（せかい）・世の中（よのなか）
☑ ⑤Australia 名	オーストラリア	☑ country 名	国（くに）

⑩時の表し方

<一日>
① ② ③ ④ ⑤

<季節>
⑥ ⑦ ⑧ ⑨

☑ ①morning	朝	☑ yesterday	昨日
☑ ②noon	正午	☑ tomorrow	明日
☑ ③afternoon	午後	☑ minute	分
☑ ④evening	夕方	☑ hour	時間
☑ ⑤night	夜	☑ day	日
☑ ⑥spring	春	☑ week	週
☑ ⑦summer	夏	☑ weekend	週末
☑ ⑧fall	秋＝autumn	☑ month	月
☑ ⑨winter	冬	☑ year	年
☑ today	今日	☑ last year	去年

⑪曜日の名前

☑ Monday	月曜日	☑ Friday	金曜日
☑ Tuesday	火曜日	☑ Saturday	土曜日
☑ Wednesday	水曜日	☑ Sunday	日曜日
☑ Thursday	木曜日		

⑫月の名前

☑ January	1月	☑ July	7月
☑ February	2月	☑ August	8月
☑ March	3月	☑ September	9月
☑ April	4月	☑ October	10月
☑ May	5月	☑ November	11月
☑ June	6月	☑ December	12月

⑬数字の表し方

☑ number	数字		☑ flfteen	15	
☑ one	1		☑ sixteen	16	
☑ two	2		☑ seventeen	17	
☑ three	3		☑ eighteen	18	
☑ four	4		☑ nineteen	19	
☑ five	5		☑ twenty	20	
☑ six	6		☑ thirty	30	
☑ seven	7		☑ forty	40	
☑ eight	8		☑ fifty	50	
☑ nine	9		☑ sixty	60	
☑ ten	10		☑ seventy	70	
☑ eleven	11		☑ eighty	80	
☑ twelve	12		☑ ninety	90	
☑ thirteen	13		☑ one(a) hundred	100	
☑ fourteen	14				

スピーキングテスト

重要文法

頻出単熟語

⑭順序の表し方

☑ first 1番目(の)・最初(の) = 1st	☑ twelfth 12番目(の) = 12th
☑ second 2番目(の) = 2nd	☑ thirteenth 13番目(の) = 13th
☑ third 3番目(の) = 3rd	☑ fourteenth 14番目(の) = 14th
☑ fourth 4番目(の) = 4th	☑ fifteenth 15番目(の) = 15th
☑ fifth 5番目(の) = 5th	☑ sixteenth 16番目(の) = 16th
☑ sixth 6番目(の) = 6th	☑ seventeenth 17番目(の) = 17th
☑ seventh 7番目(の) = 7th	☑ eighteenth 18番目(の) = 18th
☑ eighth 8番目(の) = 8th	☑ nineteenth 19番目(の) = 19th
☑ ninth 9番目(の) = 9th	☑ twentieth 20番目(の) = 20th
☑ tenth 10番目(の) = 10th	☑ next 次(の)
☑ eleventh 11番目(の) = 11th	☑ last 最後(の)

スピーキングテスト

重要文法

頻出単熟語

⑮色の表し方

☑ color	色（いろ）	☑ green	緑（みどり）
☑ red	赤（あか）	☑ white	白（しろ）
☑ blue	青（あお）	☑ black	黒（くろ）
☑ yellow	黄（き）	☑ pink	桃色（ももいろ）・ピンク

⑯よく出る動詞

☑ be 動	ある・いる・〜だ	☑ need 動	必要（ひつよう）である
☑ live 動	住（す）んでいる・生（い）きる	☑ love 動	愛（あい）する
☑ sit 動	座（すわ）る・座（すわ）っている	☑ like 動	好（この）む
☑ stand 動	立（た）つ・立（た）っている	☑ enjoy 動	楽（たの）しむ
☑ wait 動	待（ま）つ	☑ play 動	（スポーツを）する・演奏（えんそう）する
☑ go 動	行（い）く	☑ do 動	する
☑ come 動	来（く）る	☑ use 動	使（つか）う
☑ walk 動	歩（ある）く	☑ make 動	作（つく）る
☑ run 動	走（はし）る	☑ cook 動	料理（りょうり）する

☑ look 動	見る・視線を向ける		☑ wash 動	洗う
☑ watch 動	じっと見る		☑ cut 動	切る
☑ see 動	見える・わかる・会う		☑ open 動	開く
☑ meet 動	会う		☑ close 動	閉じる
☑ listen 動	聞く		☑ start 動	始める・始まる＝begin
☑ hear 動	聞こえる		☑ stop 動	止める・止まる
☑ speak 動	話す		☑ end 動	終わる
☑ talk 動	会話する		☑ read 動	読む
☑ say 動	言う		☑ write 動	書く
☑ sing 動	歌う		☑ draw 動	描く
☑ know 動	知っている		☑ put 動	置く・つける
☑ think 動	思う		☑ call 動	呼ぶ・電話する
☑ have 動	持っている		☑ buy 動	買う
☑ give 動	与える		☑ help 動	助ける
☑ want 動	ほしい		☑ fly 動	飛ぶ
☑ eat 動	食べる		☑ dance 動	おどる

⑰ よく出る形容詞

<天気>

① ② ③

④ ⑤

☑ ①sunny 形	晴れている	☑ hot 形	暑い
☑ ②cloudy 形	くもっている	☑ warm 形	暖かい
☑ ③rainy 形	雨が降っている	☑ cold 形	寒い
☑ ④snowy 形	雪が降っている	☑ cool 形	涼しい
☑ ⑤windy 形	風が強い		

☑ happy 形	うれしい・幸せな	
☑ fine 形	元気な・よい・晴れた	
☑ well 形	元気な (副 上手に)	
☑ ill 形	病気の・体調が悪い = sick	
☑ tired 形	疲れた	
☑ sleepy 形	眠い	
☑ fast 形	速い	
☑ slow 形	遅い	
☑ big 形	大きい	
☑ large 形	大きい	
☑ small 形	小さい	
☑ tall 形	背が高い	

☑ high 形	高い
☑ nice 形	よい・すてきな
☑ great 形	大きい・すばらしい
☑ bad 形	悪い・ひどい
☑ sorry 形	気の毒で・残念で
☑ cute 形	かわいい
☑ pretty 形	かわいい・すてきな
☑ beautiful 形	美しい
☑ young 形	若い
☑ easy 形	簡単な
☑ new 形	新しい
☑ next 形	次の・となりの

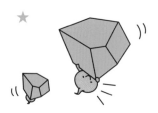

⑱よく出る副詞・副詞句

☑ very 副	とても	☑ soon 副	すぐに
☑ so 副	そのように・とても	☑ now 副	今
☑ too 副	〜もまた・あまりにも	☑ here 副	ここに・ここで
☑ really 副	ほんとうに	☑ there 副	そこに・そこで
☑ sometimes 副	ときどき	☑ over there 副	あそこに・向こうに
☑ often 副	しばしば	☑ together 副	いっしょに
☑ usually 副	いつもは	☑ maybe 副	たぶん
☑ every day 副	毎日		

スピーキングテスト

重要文法

頻出単熟語

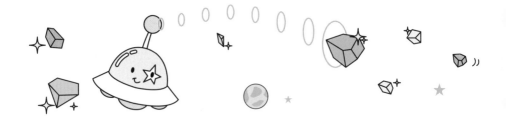

⑲よく出る熟語

☑ wake up	目覚める	☑ go fishing	釣りに行く
☑ get up	起きる	☑ go shopping	買い物に行く
☑ stand up	立ち上がる	☑ a cup of	カップ1杯の
☑ sit down	座る	☑ a glass of	コップ1杯の
☑ go to bed	寝る	☑ a lot of	たくさんの
☑ go swimming	泳ぎに行く	☑ a few	(数が)少し(の)
☑ go skiing	スキーに行く	☑ a little	(量が)少し(の)
☑ go skating	スケートに行く	☑ from ～ to ...	～から…まで